ふくしと教育
SOCIO-EDUCATION AND SERVICE LEARNING

通巻39号

目次

特集 地域を共創する

ふくし対話　この人と語る

地域で学び合う場をつくる

永瀬節治

ながせ・せつじ
島根県生まれ（主に大阪府・兵庫県育ち）。和歌山大学観光学部准教授。博士（工学）。専門は都市計画・まちづくり・歴史的環境保全。2014年より和歌山市中心部で公共空間と地域資源を活用した公民学連携のまちづくりを実践。

×

宮本朋子

みやもと・ともこ
和歌山県出身。有田市社会福祉協議会所属。2013年度から学校を核とした福祉教育をスタート。地域福祉実践のベースを福祉教育と捉え、多様な立場の方らと協同実践をしている。日本福祉教育・ボランティア学習学会特任理事。

今回の「ふくし対話」は、さまざまな地域主体と大学生の協働を取り上げ、地域側（有田市社会福祉協議会・宮本氏）、大学側（和歌山大学観光学部・永瀬氏）、それぞれの視点から「地域の共創」について考えます。

●和歌山大学観光学部の取組とＰＢＬ学習の親和性

宮本　地域福祉に取り組むうえで関係人口としての大学生に非常に期待しています。有田市社協でも２０１７年からＬＰＰ（Local Partnership Program; 地域連携プログラム）で和歌山大学観光学部と連携しています。

私たちはＬＰＰというのはＰＢＬ学習だと捉えていますが、ＰＢＬに対する考え方や大学として取組を始めるに至った経緯を教えてください。

永瀬　私は都市計画、平たく言うと「まちづくり」が専門です。私のゼミでも、研究の立場からまちづくりを支援する活動を実践しています。

まずＰＢＬですが、Project Based

Learning（プロジェクト型学習）とProblem Based Learning（課題解決型学習）の二つの意味があり、大学生が座学を中心に受け身で学ぶだけでなく、自分たちで問題を見いだし、主体的に思考を巡らせ、議論して、解決策を導きだす。そういった学習のあり方が重要だということで近年特に推進されています。地域で実践を通じた学びを得るうえでも、ＰＢＬは非常に親和性が高いと理解しています。

もう一つの背景として、特に本学のような地方国立大学の場合は、地方創生に本学がどう貢献できるかが問われるようになりました。大学と地域との関わりを強化する流れの中で、ＰＢＬが推進されている側面もあります。

ＬＰＰは観光学部独自のプログラムで、観光という分野は裾野が広く、地域のさまざまな事柄とつながっています。そういう分野で活躍する人材を育てる、地域といかに向き合い、実践的にさまざまな立場の人々と関わりながら学びを深めていくかは、観光学部の設立当初から重要なミッションでした。

まずは学生自身が地域に飛び込んで、主体的に考えて、学生の立場でどう貢献できるかを考えることも大事です。ＬＰＰは、専門性を意識する以前に地域の課題に直接触れて、地域の方々とコミュニケーションをしながら考えることを重視したプログラムです。

宮本　有田市社協も２０１７年から観光学部と連携してきて、いろいろと感じるところもあります。地域としては、大学生は高校生となんとなく違うというか、大学生と一緒に活動できることにいろいろと期待するけれど、実際は高校を卒業したばかりの子たちなので戸惑うこともあります（笑）。

地域との距離感や人との基本的な接し方などについて、大学側が学生に指導することを含めたＰＢＬ学習なのか、主体性を大事にし、とにかく地域でもまれることがよいのかを知れたら、大学生と活動していく地域側としても気づきになるかなと思います。

●大学生を受け入れる地域側の心構え

永瀬　それは非常に重要なポイントだと思います。ＬＰＰの参加者には地域に関わった経験がない学生も一定数います。育った環境もそれぞれですし、都市部や郊外の住宅地で育った学生も少なくありません。一方で、昔からの人づきあいがある地域で伝統的なお祭りに参加し、家族や学校以外の方々と交流しながら育ってきた学生たちもいます。大学1年生の段階で地域での活動の経験値に結構差があります。

ＬＰＰは1年生から参加できるプログラムですので、本来は大学側が地域に入っていくときの基本的な作法やコミュニケーションなどのマナーも含めて身につけさせたうえで学生を地域に送り出すことが重要ともいえます。実際に、活動開始前にガイダンスを実施し、地域に入るうえでの心得についても伝えますが、すぐには身につかないので、社会人としての作法やマナーなども含め、地域の現場で学ぶプログラムだといえるかもしれません。

また、地域から大学に対して、専門的な立場から貢献してほしいという期待が当然あると思います。しかし、LPPの場合は1、2年生が中心ですので、そのような専門性はないと考えていただくほうがよいと思います。その代わり、学生たちなりの視点や気づき、それらを踏まえたコミュニケーションや活動を通じて、地域にとって新たな成果の創出や活動の発展につなげていただきたいと考えています。

●「教育」として位置付けられる PBL学習

永瀬　LPPは、学生たちの学びのために、地域での活動の場と機会を提供していただいて、私たちの地域はこういうもの、こういう課題があると教えていただきながら、学生たちとともに活動を実践していただく、そういう教育プログラムです。LPPに限らず、そもそもPBLは研究ではなくて教育なんですよね。「主体的な学び」が中高生から重視されていますが、大学も同様です。ただ大学は専門的な研究を行う場でもあるので、3、4年生になって、地域にゼミ（研究室）として入る場合は、研究者としての大学教員が専門的な調査方法なども含めてしっかり指導をしながら地域に関わります。

大学としては、研究ベースのゼミ活動と教育ベースのPBLでは本質的に違うことを地域の側にも理解していただきながら、この学生たちにはなにができるのか、その都度確認しながら進めることが重要なのだと思います。

宮本　大学生というパワーワードが、特に田舎にとってはキラキラしたものに聞こえてしまいがちです。PBL学習は中学生も高校生もします。有田市社協は**中学1、2年生**が地域の企業や公民館等と**「ゆうわプロジェクト」**というPBL学習に取り組んでいます。そこでは教育だという意識でみな参画しています。同じPBLなのに大学生はなにかやってくれるのではないかという期待に確かに変わっています。

あくまで大学生の教育の一環であって、私たちが接している中学生のPBLと基本は同じということですね。

永瀬　中学生と大学生では知識レベルの違いはありますが、研究者レベルではありません。専門的な言葉や概念は知っていても、地域社会での経験が不足しています。その意味で、大学としては専門教育に加えて社会人基礎力を身につけてもらうことも大事です。それは地域で活動するうえでも重要で、4年間かけてというより、早めに身につけた方がよいものです。学生たちが社会人として成長するための場をご提供いただいて、未熟さゆえに何か問題が起これば、地域の方々にも率直に指導いただく、伴走いただくことを基本的にお願いしたいと考えています。

●人間関係における経験の格差とどう向き合うか

宮本　ここ数年の大学生はコロナ禍で育ってきていますので、コミュニケーションのやり方も以前と変わっていると感じます。よく「地域で子育て」と言いますが、大学生まで含めてコロナ禍の分を取り返していかないといけないのかなと感じています。

永瀬　高校時代もコミュニケーションの機会が削がれていて、そういった学生が対面で、同級生だけでなく地域や学外のいろんな方と関係をつくりながらやっていかなきゃいけない。コロナに限らずそういう経験がない学生が増えています。地域で育てていただく、小さいころからいろんな人に、叱られることも含めて関係をつくりながら成長していくって大事だなと思います。

他者あるいは違う世代、違う生活環境で生活している人への想像力が持てない学生が増えているように思います。一方で、遠慮しすぎるというか、妙に空気を読んで控え目になる学生も多いです。そこのハードルをどう取っ払うかというのはとても悩ましくて、最初の一歩が難しいなと思います。

宮本　経験値がないと一歩を踏み出せないというのは何事もそうだと思います。大学入試のあり方も変わっているとはいえまだまだ学力重視で、非認知能力を鍛えることがおろそかにされてしまうと人を思いやるとか想像することが難しくなって、社会をつくる基本的な力が積み上がっていきません。そこは福祉教育で、発達段階に応じて経験を積めるようにしたい。そういう経験が積み上がるなかで個性や人格が膨らんでいくんだと思います。

小さいころから地域でもまれる経験が大事と言われるなかで、なかなか地域でもそれができないところがあります。おじちゃんおばちゃんだけじゃなくて、障がいのある方や認知症の方、いろんな人と出会うチャンスを私たちがつくっていかないといけません。

永瀬　他者への想像力を持った学生が、さらに専門的な知識をインプットして、地域からフィードバックを得ながら実践的に活躍する、そういう人材を育成することが大事だと思っています。そのためにいろんな立場の人がいることを知り、コミュニケーションしながら、地域の課題解決や地域再生について考える。他者の視点に立つということをベースにする福祉の考え方は、まちづくりや観光の分野においても大事なことなんだろうと思います。

●大学生の活動がもたらす効果

永瀬　LPPでは地域にご負担をお掛けすることも少なくありません。それでも学生たちに関わってほしいと言っていただくのは、専門性とは別のところで、学生の存在がプラスになると期待していただいている。そう実感します。実際に地域の方々と話すなかで、社会経験の浅い学生たちを受け入れるメリットはどこにあるのでしょうか。

宮本　有田には大学がないので大学生が近くにいない。だからたとえば**大学生によるスマホ講座**なら、孫のような世代の子と触れ合えるというのが高齢者にとっては楽しみになるようです。

　地域側は、大学生との関わり方や大学生ができることを学んだり、それを高校生の見本にすることもあります。大学生の活動に中学生が参加させてもらうことで、大学生はこういうふうに地域に貢献できるんだと学習する機会にもなります。

中学生が企業、公民館等と取り組む「ゆうわプロジェクト」

　通常なら出会わない人たちが出会って化学反応が起こるのはすごくうれしいですし、それをきっかけにまた違う動きが出ます。人が人によって影響を受けて行動したり。それは福祉教育とも言え、人の意識と態度が変わることが福祉教育の醍醐味なのです。

永瀬　身近な環境に大学生がいることによって起こる化学反応、他の世代にはない考え方や存在そのものが地域に新しい刺激を与え、議論や取組を活気づける側面があるとすれば、学生が地域に関わる意義として重要だと思います。地域でのコミュニケーションを活性化するうえで、学生たちは貴重な役割を果たしているのかもしれません。そして学生自身もそういった経験のなかで着実に成長しています。

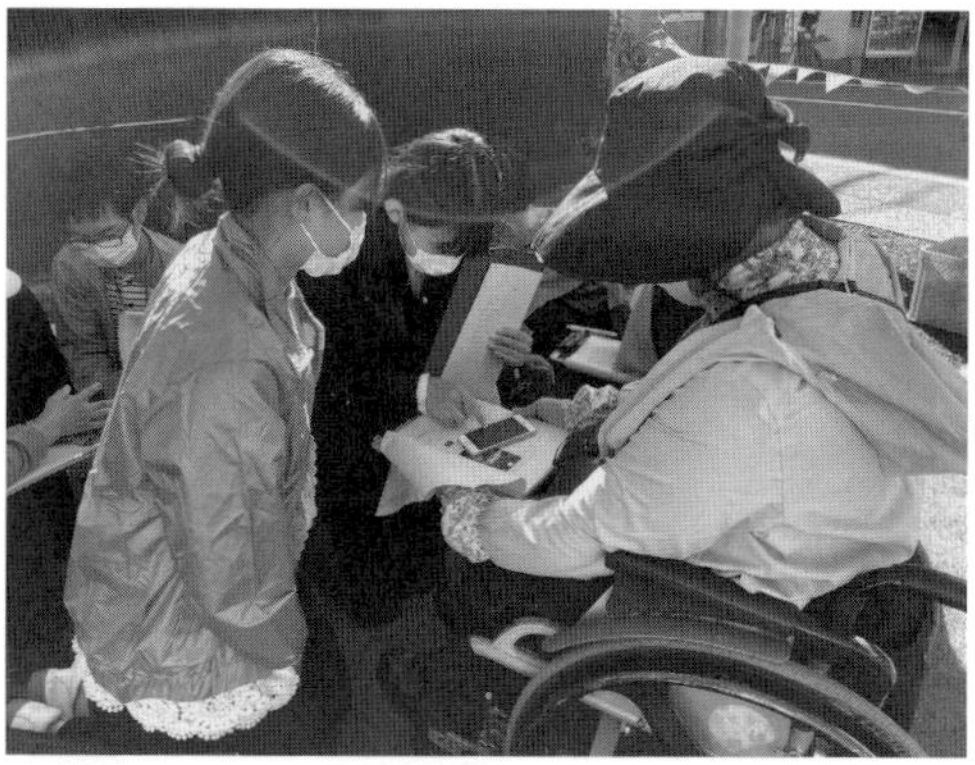

大学生によるスマホ講座

　また専門性が乏しいとはいえ、学んでいる最中だからこそ学生たちとしては講義で学んだことで役に立ちそうなことは関係づけたいという意識をもっています。大学で学んでいることについてもコミュニケーションしていただくことで、地域の今後の取組にもつながる可能性があります。

宮本　観光学部の学生たちは休みを使って県外の地域を見に行ったりしていますよね。そのときにこういうのを見てきたとか、こういう会社と知り合いましたと言ってつないでくれたりするんですよ。私たちだとつながらない、出会えない人たちとも学生がつないでくれるというのは本当にありがたい。

永瀬　積極的に学生たちが役割を果た

しているのはわれわれとしてもありがたいことです。学生だからこそ、社会のしがらみにとらわれずフットワーク軽く、いろんな形で地域の取組を活性化することもできる気がします。

宮本　地域や企業は今の若い子たちの感覚や考えていることを知りたいと思っています。LPPの活動では、お互いに学び合う場をつくってもらえているし、きっとそのことで地域がまたよくなっていくように循環するのだと思いますね。立場の違う人が一緒に学ぶのは絶対的にいいことだと思います。

●学び合いを積み重ねた先に

永瀬　まさに学び合いというキーワードは非常に重要だと思います。どうしても教育は上下関係のなかで教えるというニュアンスがつきますけれども、学び合いの場だと捉えると、地域の方も、学生から教えてもらうというのはおこがましいですが、目に見える成果に必ずしも結びつかなくても、今までになかったような視界が開けたり、考え方がちょっと変わったり、地域に対してプラスに働くような学びがあって、そういう相互関係がつくれるということが大事だと思います。

宮本　地域側も「やってもらう」という意識で大学生を受け入れてしまうと結局お互いが学べないわけですね。だからこそ、学び合いとふりかえりを意識しないといけない。地域福祉の視点から考えると、次に発展させていくような仕掛けが必要になると思います。

永瀬　学生にとっても、地域の方に言われたことや接した経験が、感覚として残り、なにかしら糧となって生かされて、いろんな新しい活動につながるんだと思います。仕掛けづくりは難しいですが、大学としてはそういう豊かな経験を学生たちに積んでほしい。

宮本　大学生が地域で活動することで、私たちも成長できる場をもらっていることを再認識できましたし、大学生が力を十分に発揮するためには、小中高の学びが積み上がってくるもので、そんな場を地域のなかでつくっていけるように福祉教育としてのアプローチを諦めてはいけないと思いました。

永瀬　今回、福祉教育という分野に出会って、いろんな人たちが社会のなかでどう幸せに生きていくか、抱えている課題にどうアプローチしていくかを実践的に考える取組なのだと理解しました。みんなが幸せに暮らせる環境を考えるのはまちづくりも同じです。

地域のいろんな立場の人と関わった経験がある子たちが大学に入ってきて、さらに専門的な知識も得ながら現場に入って試行錯誤する。そういう経験を積んだ学生を社会に送り出すことで、地域を俯瞰的に捉えながら、自分の役割を積極的に見いだして活躍する人材が増えていくような気がします。

そう考えると、地域のなかで福祉教育に取り組んでいただくことは、長い目で見るととても明るい未来につながるんじゃないかなと思います。

巻頭言

地域を共創する
～学びを通して新しい価値創出～

渡邊一真

●profile
わたなべ・かずまさ
日本福祉教育・ボランティア学習学会理事、社会福祉協議会勤務。

◆共創とは何か

皆さんは「きょうそう」と聞いてどんな感じを思い浮かべるだろう。競い争う「競争」、一般的にはこの文字が頭に浮かぶであろうが、今号のテーマは、共に新しい価値を創り出す意味での「共創」である。

共に創り出す「共創」を調べてみると、多様なステークホルダー（利害関係者）と共に新しい価値を創り出すこと、というような意味が出てきた。私はこの「ステークホルダー」を少し幅広く「異質な他者」と言い換えて考えてみたい。つまり、共創とは幅広く分野を問わず関わりのありそうな人たち（異質な他者）と共に考え実践し福祉教育・ボランティア学習の新しい価値を創ることだと考えている。

私たちの暮らしの中では、とかく競い争う「競争」が浸透してしまっている。世界では各地で絶えず侵略や紛争が起こり続けている。日々の暮らしに近いところで考えても日々の学校生活や大学入試、「お受験」も含め至るところで競い合いという名の「争い」が起こっている。レベルの差こそあれいずれも「相手より優れていること」を目指していることには違いない。そういう価値が、社会に跋扈《ばっこ》・蔓延している状況にある。

◆本当の「きょうそう」への入り口

もちろん、人間が生きていくなかで適切な競い合いは必要であろう。その代表がスポーツである。例えばラグビーでいえば終了後は互いの健闘を称えあい「ノーサイド」とする。つまり、スポーツでは勝ち負けは競い合うが終了後に持ち越さないということであろう。「勝ち負け」と「互いの切磋琢磨」を分けることが前提となる。この切磋琢磨の考え方と今回のテーマである「共創」は、異質な他者と互いに刺激し合いながら、時には葛藤や拮抗関係を創りつつ、共に新たな価値創造をしていくという点では近いものがあると感じている。

◆共創と帰属意識

一方で「共創」を実行していくには課題もある。佐藤仁氏によると、何らかの組織に所属する（帰属）ということは、「より主観的で自分の所属先との一体感を伴う帰属意識があるはず」[※1]で、それは「諸個人と帰属先の集団との心のつながりがあって初めて成り立つ」[※2]ものであるとしたうえで、「争いの燃料になりやすい」[※3]ものでもあるという。もちろん、すべての所属意識が争いにつながることはないが、先に述べたスポーツにおいていえば、観戦者も含め所属意識が過度な「競争」を生んできたことは周知のとおりであろう。組織・集団同士が共創することを企図するときに起こる帰属意識をめぐる葛藤は必然として発生すると考えるべきであろう。しかし今後の社会において、自らの所属や帰属意識を根っこに持ちながら、それぞれの帰属を尊重しつつ、共に新たな価値創出をするということは、容易ではないものの、葛藤・拮抗関係が必然的に発生するものとしたうえで実現する実践が求められているのではないだろうか。

◆学びを通して新しい価値創出をすること

新しい価値を創出することは、様々な関わりのある人たちが学びを得ていくという意味を含蓄する。また、学びを得るまでに、自らの価値観や考え方をふりかえり、「異質な他者」たちと丁寧に対話することも大切なことである。変化や変容を芽吹かせることは、それほど容易《たやす》いことではなく、ときには既存の「権力」からの反発や抵抗を受けることもある。実践者には稲垣栄洋氏のいう「『踏まれても踏まれても大切なことを見失わない』これこそが、本当の雑草魂」[※4]も必要なのかもしれないし、関わる人たちで分かち合うことも大切な共創の要素のひとつであろう。また、期待した結果の成否だけではなく、そこに至る過程は大変重要である。共創の概念は、価値観のふりかえりも含めた全体の構想に始まり、結果に至るすべての過程において存在し得るものである。

◆現代社会における共創の役割・期待

多くの地域が人口減少や少子高齢化に直面している現代社会において、地域を活性していく「特効薬」なるものは存在しない。しかし、これまでの価値観にとらわれず、住民が自ら主体的に学び合いを進めることで地域そのものを創りなおし、結びなおすような実践はじわりと拡がり深まっている。大学等を含め「異質な他者」との関係を拡げ深めるなかで、地域課題の解決をはかる住民と学生の学び合いの相互作用を活かした人材育成など今回の論文・報告も、それら、じわりとした効果を生み出している実践であったり、生み出すための理論でもある。異質な他者である組織・集団や個々人との共創は、新たな地域社会づくりには欠かせない。本号がこの地域を共創していく皆さんの一助になれば幸いである。

引用文献
※1　佐藤仁『争わない社会　「開かれた依存関係」をつくる』NHK出版、2023年、189頁
※2　佐藤仁、前掲書、191頁
※3　佐藤仁、前掲書、190頁
※4　稲垣栄洋『はずれ者が進化をつくる』筑摩書房、2020年、163頁
参考文献
堂目卓生・山崎吾郎編『やっかいな問題はみんなで解く』世界思想社、2022年

論考・調査・報告①

「大学生」と地域を共創する

上野山裕士

● **profile**
うえのやま・ゆうじ
摂南大学現代社会学部講師
大学院在学中にスウェーデンに留学し、北欧の福祉制度、まちづくりを学ぶ。大阪府内、和歌山県内の複数の地域で協働的実践研究に取り組む。

1 PBL型学修と地域と学生の協働的実践

近年、さまざまな大学が、地域の人びととともに地域課題の解決を目指すPBL(Problem/Project based Learning) 型学修[※1]に取り組んでいる（文部科学省、2021年など）。地域と大学の連携について、これまでは、教員や大学院生などが調査研究を実施する、もしくは指導助言を行うといった関わり方が中心であったが、PBL型学修を通じた連携は、地域主体が大学生とともに考え、ともに汗を流しながら課題解決を目指す取組であり、「地域と学生の協働的実践（以下、協働的実践）」と表現することができる。

本論では、協働的実践、すなわち大学生と地域を共創する取組の意義について、筆者がこれまでの研究を通じて得た知見と実践事例を踏まえて考察を行う。

2 なぜ、大学生なのか

地域を共創する取組に大学が参画する場合、これまでは、高い学術性、専門性が期待される教員、大学院生との連携が中心であった。しかし近年、大学生への期待が高まっていることはすでに述べたとおりである。一般的に、大学生の学術性、専門性の水準は教員や大学院生に比べてそう高くはないことを踏まえると、大学生には固有の強み、魅力があると推測される。この強み、魅力について、筆者は別稿（上野山、2020年、2024年）において、大学生が協働的実践を通じて地域の「つながりの活性化」および「モチベーションの向上」に寄与することを明らかにした。

「つながりの活性化」とは、大学生が地域に関わることにより、あたらしい主体が活動に参加したり（あらたなつながりの創出）、主体間の関係性が変容する（つながりの多様化）ことを意味する。また、「モチベーションの向上」とは、学生たちが地域の自然や文化に触れ、その感動を素直に表現することで地域の人びとに喜びや気づきを提供する可能性があることに加え、「学生が頑張ってくれているから」という想いが活動の原動力になることを意味する。ただしこれらは、学生が地域と真摯に向き合い、さまざまな主体と信頼関係を醸成するなかでゆるやかに生じる可能性があるものである。

3　大阪府寝屋川市における協働的実践の展開

⑴　大学生の「得意」が学びあいの場をつくる

寝屋川市において摂南大学が取り組む協働的実践[※2]は、寝屋川市社会福祉協議会（以下、寝屋川市社協）との連携からはじまった。2021年、新型コロナウイルス感染拡大の影響により多くの地域活動が中止を余儀なくされた。このことに危機感をもった寝屋川市社協は、市民向け講座として、ICTツールによる活動の活性化を目的とした「ICT講座」、活動のアーカイブ化と情報発信を目的とした「動画撮影・編集講座」の開催を企画した。その際、デジタルネイティブ世代といわれる大学生に声かけを行い、協働して講座を開催することとなった。

それぞれの講座では、学生による話題提供ののち、参加者と学生による対話を行った。参加者と学生による対話では、デジタルネイティブ世代とはいえ専門家ではない学生よりも知識、経験をもっている参加者も少なくなく、参加者から学生に助言や情報提供が行われるという場面がみられた。これについて、教員や専門職などが講座を行う場合、一般的には「講師が話す内容は正しい」という前提のもと、講師から参加者への一方向的な知識伝達となる傾向がある。しかし、「未熟」な学生が講師役を務めたことにより、双方向的な、学びあいの空間が形成されたといえる。とはいえ、学生がまったく知識のない分野について話題提供を行うことは困難であるため、学生が「得意」な分野をテーマとして設定することが学びあいの空間づくりのポイントになると考えられる。

⑵　大学生の存在で「ひろがる」地域の共創

寝屋川市での協働的実践は、ふたつの講座をきっかけに、思いがけない展開をみせることになる。

まず、「ICT講座」に参加していた市民が所属する団体（寝屋川市立市民活動センター）から打診を受け、市民活動センター登録団体の活動紹介を目的とした「ふれあいフェスタ」の企画に参加することとなった。学生たちはメタバース体験ブースを担当し、地域ボランティアとともに企画およびフェスタ当日のコンテンツ提供に取り組んだ。

同時期、講座について知った寝屋川市内の寺院（浄土宗超泉寺）からも打診があり、当時（2022年）、超泉寺がはじめての開催を予定していた地域交流を目的としたマルシェにボランティアスタッフとして参加することとなった。マルシェでは、「スマホ相談」「子ども向けブース」の企画、運営などを担当した。その後、マルシェは定期開催されることとなり、近隣の常翔啓光学園中学校・高等学校とも連携して、中高大生という若い力でイベントを盛り上げている。

　また、ともに超泉寺での地域交流マルシェに参加していたことをきっかけに、社会福祉法人みつわ会とも連携がはじまった。具体的には、学生が「ネットリテラシー講座」などを開催したほか、みつわ会が精神障がいのある人たちの活躍の場として運営する菓子工房「オアシス」のコミュニティスペース化について協議し、地域のマップづくりや子ども向けのイベントの企画、運営などに取り組んでいる。

「ICT 講座」で意見交換を行う参加者と学生

マルシェでブースを運営する学生たち

　以上のように、寝屋川市では、寝屋川市社協との協働的実践をきっかけとして、さまざまな主体との協働的実践へと展開していった。この「協働的実践のひろがり」について、現時点では知見を一般化できるほどの事例があるわけではないが、前述の「つながりの活性化」「モチベーションの向上」と同様に、大学生が地域に関わることの意義ととらえることができるかもしれない。

(3) ＩＣＴで時間、空間を超えて「つながる」

　さいごに、近年、協働的実践にも積極的に活用されるようになったＩＣＴツールの可能性についても言及する。

　本章では、摂南大学の学生が大学の所在地において協働的実践に取り組む事例を取り上げたが、オンライン会議やデータのやりとりなど、ＩＣＴツールは「地元」での活動においてもその有用性を発揮した。その有用性がより顕著となるのが大学の遠隔地における協働的実践である。これまで、大学から遠く離れた場所で協働的実践を行う場合、当然のことながら、「アクセスの困難さ」が課題のひとつとなっていた。しかしＩＣＴツールの活用により、時間、空間を超えて、地域と大学がつながることが可能となった。もちろん、対面で実施していたすべての活動がＩＣＴツールによって代替されるわけではないが、打ち合わせや情報の共有、一部の活動[※3]を現地を訪れることなく実施できるようになったことは、協働的実践を考えるうえでの転換点となる可能性がある。

4　大学生と共創する地域の未来

地域を共創する主体としての大学生の特徴と可能性について考えたとき、「真摯さ」「素直さ」「未熟さ」、そして「自由さ」が重要なキーワードとなるように思われる。協働的実践の成果物である「つながりの活性化」や「モチベーションの向上」は、学生の「素直さ」やときに「未熟さ」によってもたらされるものであった。また、事例において示した「学びあいの空間」は、学生の「未熟さ」ゆえに形成される可能性があるものである。「協働的実践のひろがり」は、タイミングや地域内のネットワークなど、多様な要因によって生じたと考えられるが、フットワーク軽くさまざまな活動にチャレンジしようとする学生の「自由さ」も、主たる要因のひとつとして挙げられよう。そして「真摯さ」はすべての事項に共通するものであり、地域を共創する主体に求められる基本的な態度といえるかもしれない。

大学生と地域を共創する取組は、地域にさまざまな成果をもたらす可能性がある。多くの地域で「担い手不足」が深刻化するなかで、大学生への期待は今後ますます高まっていくと考えられる。一方で、大学生個人としても、場合によっては大学としても、永続的に特定の地域に関与しつづけることは容易ではない。そう考えると地域としては、協働的実践を通じて若者とのコミュニケーションや協働の作法を実践的に学び、その学びを地域での活動に生かすこと、つまり、地域の若者たちとともに考え、ともに汗を流す未来へとつながるような仕掛けづくりが必要となるかもしれない。

注

※1　PBL型学修とは、学生の主体性や対話を重視するアクティブ・ラーニングのひとつであり、地域での取組のほか、企業などと連携するもの、教室内で実施するものなど、実施形態は多様である。

※2　寝屋川市における取組は、2021～23年度は「摂南大学PBLプロジェクト」（全学部生向け）、2024年度以降は「摂南大学現代社会学部FAL演習」（現代社会学部生向け）の一環として実施し、いずれもプロジェクト担当者として筆者も参加している。

※3　ICTツールを活用した協働的実践の事例として、大学の遠隔地で実施された総合防災訓練に大学生がオンラインで参加し、地域の小中学生に防災教育を実施した取組などがある（上野山、2024年）。

参考文献

文部科学省（2021年）『地域で学び、地域を支える。大学による地方創生の取組事例集』文部科学省高等教育企画課高等教育政策室
上野山裕士（2020年）「日常生活支援の担い手としての大学生の可能性　PBL型プロジェクト類型化の試みを通じて―」『観光学』（23）、和歌山大学観光学会、1-8頁
上野山裕士（2024年）「PBL型学修としてのFAL（フィールド型アクティブ・ラーニング）の特長と可能性」『摂南社会学』1号、摂南大学現代社会学部、3-18頁

地域共創へのステップとしての サービス・ラーニングと リフレクション

秋元みどり

● **profile**
あきもと・みどり
青山学院大学シビックエンゲージメントセンター助教
フィリピン大学大学院でコミュニティ・ディベロップメントを学んだ後、大学におけるコミュニティ・ベースド・ラーニングの実践および、地域連携を担う教職員の専門性について研究している。

1　サービス・ラーニングにおけるリフレクション

リフレクションは、個人が自己の経験や考えを振り返ることを通し、学びに生かす行いとして、人材育成等の様々な領域で実践されている。サービス・ラーニング（以下、SL）においても、リフレクションは、学習の要素を豊かにするために不可欠な取り組みとして位置付けられている。授業やボランティア学習等のプログラムで行われているSLでのリフレクションでは、サービス（社会貢献）活動の実体験を、ラーニング（市民性や専門分野での学び）とつなげることによって、学習者の主体の形成と、学際的な探究を深めることが目指される。

リフレクションについては、日本福祉教育・ボランティア学習学会の課題別研究のテーマ（福祉教育・ボランティア学習におけるリフレクション、2012年）としても取り上げられており、リフレクション研究の経緯や理論的な展開が整理されるとともに、今後の市民社会や共生文化の創造に向けて、リフレクションをどのように実践的に発展させていくことができるかといった問題提起がなされている。そこでは、リフレクションとは、個人の内省や思考の展開、あるいはプログラムの評価にとどまるものではなく、他者や組織、あるいは地域といった、個人が具体的に関わりをもつ社会が変化していくための学習を内在させていくことができるか、ということが重要な論点として読み取ることができる。また、こうした考え方は、SLがビジョンとして描く、公正な社会に向けた変化の担い手を育てることとも深く関わると捉えることができる。

2　リフレクションのファシリテート

それでは、個人の内面的変化やプログラムの良し悪しを見ることの先にある、より社会的に広がりのあるリフレクションとは、具体的にどのようなことを指すのか。そもそも、教師が教室の中でリフレクションを行うとなった際に、生徒や学生に何を問いかけ、彼らの思考や全体の対話を促したらよいのか。個々の体験に対する感想を共有することはできても、社会問題へ関心や、解決にむけた学びと行動につながる糸口を見つけるようなリフレクションの実践とは、何を行うことで可能になるのか。教師がリフレクションの意味や理念的な理解ができることと、それらを教授法に落とし込んで実践することの間には、少なからず隔たりがある場合もあると考えることができる。

それらの手がかりとなることの一つとして、SLが重視している関係者間の関係や、相互に及ぼす影響に着目していくことによって、リフレクションをファシリテートする方法があげられる。生徒や学生が、サービス活動に参加する場や地域社会には、世代や立場の異なる人々が、共通のテーマ（社会課題等）やニーズ、関心のもとに集い、関わり合っている。そこでは、相互に様々な影響を及ぼし合いながら活動が営まれており、生徒や学生が、「私」という存在もその場の関係者の一人である。関係者とのやり取りで起きた出来事や会話、それらとともに沸き起こった自分の感情や気づきといった内面の変化をそこにつけ加えていくことによって、個々の体験に対する感想も、それぞれの事実の断片を生き生きと、「私」との明確な結び付きのあることとして描き出すことが可能になる。また、整理する作業の中で生まれてくる、「わからなさ」や、知識・情報が不足していることへの気づきが、学習者の深い学びや主体的な行動への糸口となっていく。

3　ツールとしてのステークホルダーマッピング

前述した内容を実践的に、SLのリフレクションとしてファシリテートしていくために筆者が活用しているツールである、ステークホルダーマッピングについて紹介する。SLのプログラムでは、一般的に、事前学習を経て、地域やコミュニティでのサービス活動に一定期間参加し、その上で事後学習と成果報告等のアウトプットを行う流れとなっている。サービス活動の場で出会うステークホルダー（活動の目的において関り合い、直接的・間接的に影響を受ける人や団体）について、ワークシートに絵図として書き出すマッピング作業は、サービス活動期間の中盤に行うリフレクションの一つとして行っている（図 ステークホルダーマッピング」参照）。

まず、白紙の中に「私」という自分を描き、次に、サービス活動先で出会う人々や団体を書き入れ、活動中に観察したことや、関わったことの内容を思い出しながら、さらに細かな情報を書き足していく。

ここまでできたステークホルダーマッピングの絵図に、そこに描かれている人や組織がどのような関係でつながり合っ

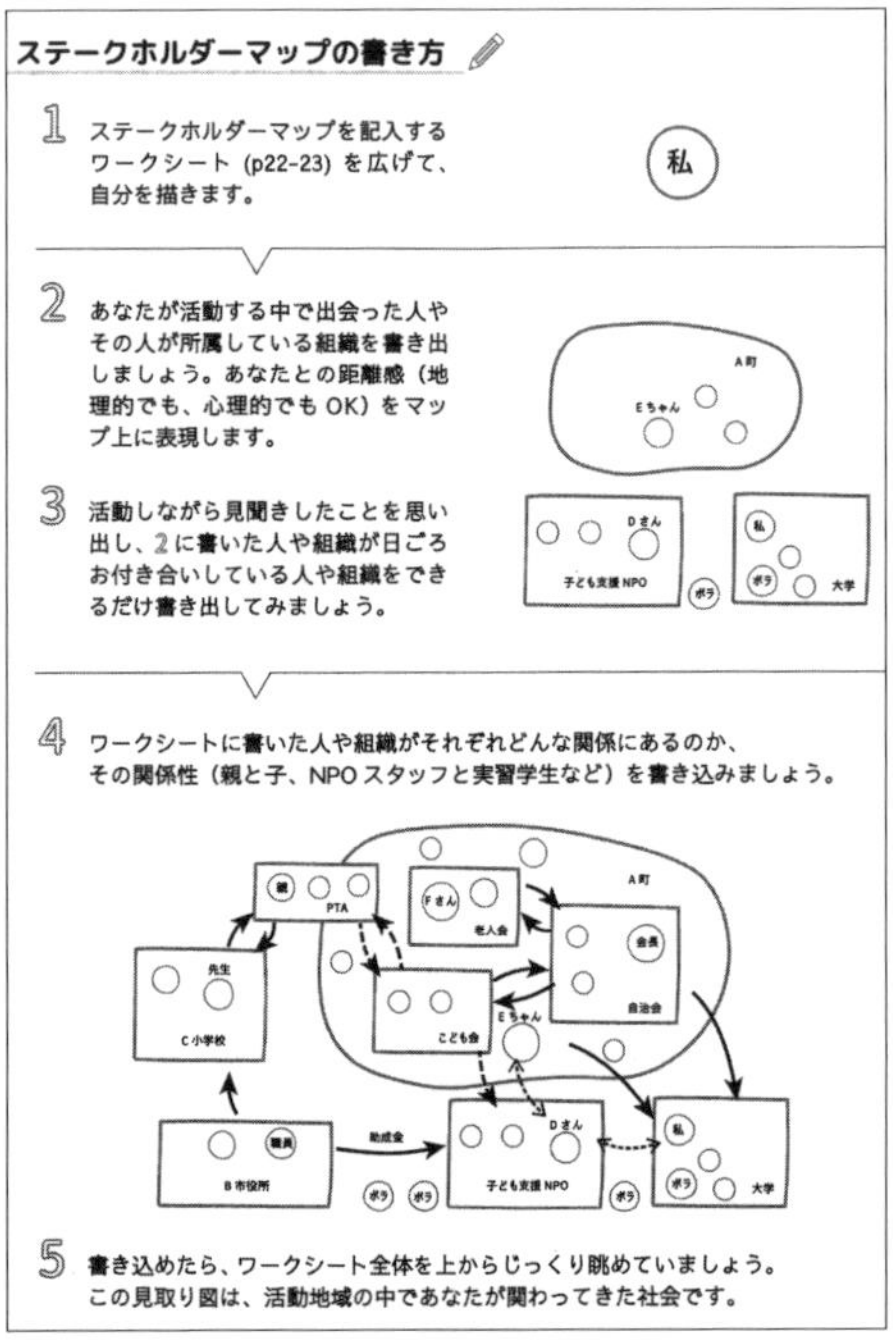
ステークホルダーマップの書き方
1 ステークホルダーマップを記入するワークシート（p22-23）を広げて、自分を描きます。
私
2 あなたが活動する中で出会った人やその人が所属している組織を書き出しましょう。あなたとの距離感（地理的でも、心理的でもOK）をマップ上に表現します。
A町
Eちゃん
3 活動しながら見聞きしたことを思い出し、2に書いた人や組織が日ごろお付き合いしている人や組織をできるだけ書き出してみましょう。
Dさん
子ども支援NPO
ボラ
大学
4 ワークシートに書いた人や組織がそれぞれどんな関係にあるのか、その関係性（親と子、NPOスタッフと実習学生など）を書き込みましょう。
PTA
Fさん
老人会
先生
C小学校
会長
自治会
こども会
助成金
B市役所
5 書き込めたら、ワークシート全体を上からじっくり眺めていましょう。この見取り図は、活動地域の中であなたが関わってきた社会です。
図 ステークホルダーマッピング

ているのか、また、それらの関係は直接的か間接的か、強い結びつきか、ゆるやかな結びつきであるかなど、関係性を具体的に書き入れていく。

これらの作業は、まず生徒や学生が個人のワークとして取り組み、ある程度書き出したところで、同じ活動先で活動に参加しているメンバー同士で、それぞれが書いたものを持ち寄り、相互に確認をする。それによって、同じ活動に参加していても、関わり合う人々や得ている情報量が、それぞれ異なることが見えてくる。また、自分の視野にはなかったものや出来事が、他者の視点を通して見えてくることによって、活動や人々への向き合い方や、場への参加姿勢といった、自分自身の関わり方を客観的に受け止めることが可能になる。

筆者が大学の科目として担当しているSL科目の一つとして、外国につながる子どもたちへの支援の取り組みを通して、日本社会における「多文化共生」への実践的理解を深めるプログラムがある。グローバル化や昨今の世界情勢の変化に伴って、日本で暮らし、日本の学校に通うことになった子どもたち（主に小・中学生）の学びを支えている団体がパートナーとなり、学生は約1か月間活動に参加する。学生は、毎回マンツーマンで子どもたちの宿題や各教科の学習のサポートを行うことや、休憩時間中に子どもたちとの雑談や遊びを通した関係を築いていく。

サービス活動期間の中盤に行うステークホルダーマッピングでは、それまでの事前学習や活動参加から見えてきた人々や関わりを書き出してみることに取り組む。その際、学生は、自分が直接的に支援した子どもや、団体のスタッフを描くことは容易であるが、その他に活動に関係している組織や人々は描きにくさを感じているケースが多い。外国につながる子どもたちを支える活動や団体そのものが、どのような人々や団体によって運営され、近隣の地域社会や学校、また子どもたちの親や家族との関係といった、社会全体の中における位置づけを捉える視野を広げながら活動に参加していくことによる学びの意識には至っていないと見ることもできる。

また、間接的には、団体の活動と連携している行政、助成金を出している企業や個人の寄付者など、多数のステークホルダーとの関係の中で、外国につながる子どもたちへの支援が地域社会の中で営まれている。

これらの多様な関係性の中で、団体の活動が運営され、子どもたちを取り巻く現状があることは、ＳＬの事前学習のなかで、団体側から学生に情報として提供はされており、学生も事前にインプットしていることである。しかしながら、実際の支援活動の現場で、学生がそれら多様なステークホルダーの具体的な関わりについて、主体的に理解を深めようという行動に移さない限り、自分の視野や思考には届かないものとなってしまっていることを表している。

ステークホルダーマッピングに取り組み、教員が学生自らの気づきを促すファシリテートを、リフレクションの取り組みという実践の中に埋め込んでいく行うことによって、サービス活動とラーニング両方から学ぶＳＬの意義や、体験をより広い学びや主体的な行動につなげていくためのリフレクションへの理解が深まると考えることができる。

4　教師のリフレクション

ここまで、生徒や学生を学習者としたリフレクションを通した学びの深まりと、リフレクションの実践について、具体的なアプローチを含めて述べてきた。前述した、本学会の課題別研究の中でも論じられているように、リフレクションは、生徒や学生といった学習者のみならず、ＳＬの実践において、教師がリフレクションをする意義を考えてみると、プログラムの内容を組み立てることや、実践の土台となる地域社会や団体とのパートナーシップの形成と大きく関わってくるのではないだろうか。何よりも、教師が担当する科目やプログラムのテーマや授業内容、サービス活動として行うこと、リフレクションのファシリテートといった、全体のデザインが、ＳＬを行うことの目的、また、教師自身の専門分野に沿って設計されているかという問いに、教師が実践の中で向き合うことが重要になってくる。

言い換えれば、ＳＬでの学習者の学びと、地域社会のニーズや課題への対応、パートナーやステークホルダーとの信頼関係に基づくコミュニケーション、学校内での調整や、活動先での危機管理など、それぞれ多方面に広がっている別々の要素を、一本のチェーンとなるように、試行錯誤を重ねながらも、より馴染みの良いものへとつなげていくこととして捉えることもできる。そのような観点から、あらためて教師のリフレクションを捉え直してみると、ＳＬという取り組みが、社会共創を目指す教育実践へと進む足掛かりを得ていくのではないだろうか。

引用・参考文献

※図は『リフレクションハンドブック―深い学びと出会うために―』【改訂版】２０２４年、24頁、日本サービス・ラーニング・ネットワークより

日本福祉教育・ボランティア学習学会 研究紀要 20巻 第Ⅰ部〈特集〉福祉教育・ボランティア学習におけるリフレクション、２０１２年、日本福祉教育・ボランティア学習学会

論考・調査・報告③

多様な主体の連携による学び合いを通した地域共創

岡山県総社市「ワンステップ」事業にみる地域社会における「ウェルビーイング」実現の契機

山田一隆

● **profile**
やまだ・かずたか
東海大学文理融合学部教授。サービス・ラーニングの実践におけるステークホルダーの評価に関する研究に従事。

最近、「ウェルビーイング」（well-being）という言葉を、ことによっては、聞かない日はないぐらいに、よく耳にする。福祉関係者にとっては、「従来の救貧的なウェルフェア（welfare＝福祉）から、『より積極的に人権を尊重し、自己実現を保障する』という意味である」（高橋重宏、1994年）ものとして従前より理解されている理念ではないかと思われるが、こんにちでは、教育、経済、経営などの分野に、その用例は広くみられるようになっている。本稿では、昨今の社会教育・生涯学習分野における「ウェルビーイング」の意味にふれたうえで、岡山県総社市で実践されている生活困窮世帯等を対象とした学習等支援事業「ワンステップ」を事例として、行政、社会福祉協議会、高等教育機関が連携しつつ多様な主体の学び合いの姿を素描する。そのうえで、地域社会が「ウェルビーイング」を戦略的批判的に獲得・醸成していくことについて考えてみたい。

1　社会教育・生涯学習におけるウェルビーイングの意味

中央教育審議会生涯学習分科会（2022年）に拠れば、ウェルビーイングとは、「個人的な状況評価や感情の状態を表す「幸せ（happiness）」とは異なり、個人のみならず個人を取り巻く「場」が持続的によい状態であることまでを含む包括的な概念」であり、「学びあう、教えあう、助け合う、励ましあうといった相互性に支えられながら、一人一人が主体的・持続的に学んでいくという生涯学習は、多様なウェルビーイングを実現するような場を自らも他者との関係性の中で共に形成していく上で、重要なものである」（生涯学習分科会、２０２２年、７-８頁）と力説している。すなわち、ウェルビーイングの実現とは、学習者個人の「幸せ」にとどまらず、学習者を取り巻く環境が良好であり続けることが求められているのであり、そのためには、多様な学習者の学び合いから生じる関係性や相互性が育まれる必要があるということになる。ということは、ウェルビーイングとは、刹那的な幸福度や幸福感にとどまらず、空間的な広がりを持ち、かつ時間的な継続性を持った環境の良好さを指すものとして理解されるべきものといえる。

２ 岡山県総社市における「ワンステップ」事業

本稿で事例として取り上げるのは、岡山県総社市で実践されている生活困窮世帯等を対象とした学習等支援事業「ワンステップ」である。本稿の執筆にあたり、総社市保健福祉部福祉課、総社市社会福祉協議会の事業担当者、および、２０１６年度から２０２０年度まで当該事業をフィールドとして開講された岡山大学教養科目「子どもの教育と福祉をつなげる支援活動」の元受講生に対して、聞き取り調査を行った。

当該事業は、２０１５年４月の生活困窮者自立支援法の施行に先立って、２０１４年度から生活困窮者自立支援促進支援モデル事業の一環として実施されている。毎週火曜日と金曜日の19時から、生活困窮世帯やひとり親世帯の中学校、高等学校に通う生徒を対象に、大学生や一般ボランティアの参加を得ながら、学習等支援に取り組まれている。２０２２年度の実績では、67回の開催に対し、登録生徒数は20名でのべ４８８名（１回あたり７・３人）、登録大学生ボランティアは51名でのべ２６７名（同４・０名）、一般ボランティア５名でのべ１７５名（同２・６名）の、それぞれ参加を得ている（総社市社会福祉協議会、２０２２年、37頁）。

毎回、７-８名の生徒に対して、一対一ないし二対一のバランスで、大学生や一般のボランティアが生徒の支援にあたり、学習支援や進路等の相談できる場を提供するだけでなく、学習を教える大学生や教員ＯＢ等との交流により子どもたちの将来を育てる場等子どもたちの居場所としても機能している。ただ、近年は、新型コロナウイルス禍を経て、学生、一般ともボランティアの確保が難しくなってきていることが課題となっている。

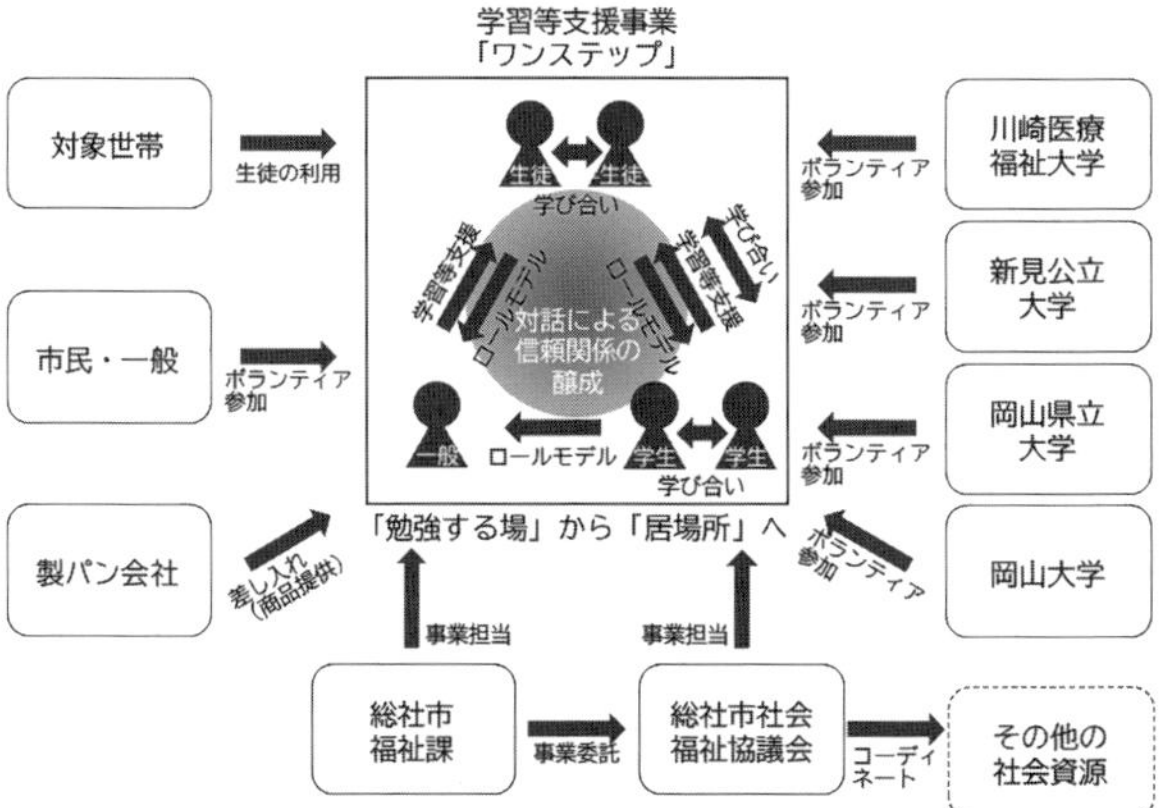

第１図　「ワンステップ」事業における学び合いのスキーム

当該事業10年間における利用生徒の変化については、不登校気味の生徒が増加していることが指摘される。「だって大学生の人たちは怒ったりせんじゃん」「学校とかはしんどいけど、ここに来れるんだよね」という生徒の発言に象徴されるように、「ワンステップ」は、単に学習支援を実施するだけではなく、むしろ、それ以上に、学生ボランティアが中心となって、生徒たちの語りに耳を傾けることを通して、信頼関係を育み、生徒たちの居場所が生成されているとみることができる。

3 「ワンステップ」事業における学びと成長

(1) 生徒たちの学びと成長

元受講生の語りに拠れば、「一対一で勉強を見てくれる学生だったり、ボランティアがいることで、学習意欲が高まった生徒っていうのはいたという印象ですし、それで高校生が大学受験を目指したり、中学生も高校なんていかんでいいよって言われていたけれど、どうしようかなって考えるようになったり学習に対する気持ちの変化というのは感じられた」とのことであり、また、「中1、中2の頃は、ちょっと何か言われたらカッとなって、物や人に当たったりしていた生徒たちが、中3になるころには、そういう場面になっても、ちょっと廊下に出て自分で頭を冷やすことができるようになったり、どういう言い方をしたら相手が傷つかないかとか考えて、いま話しているんだろうなという様子が見受けられるような変化が見られるようになった」とのことだ。

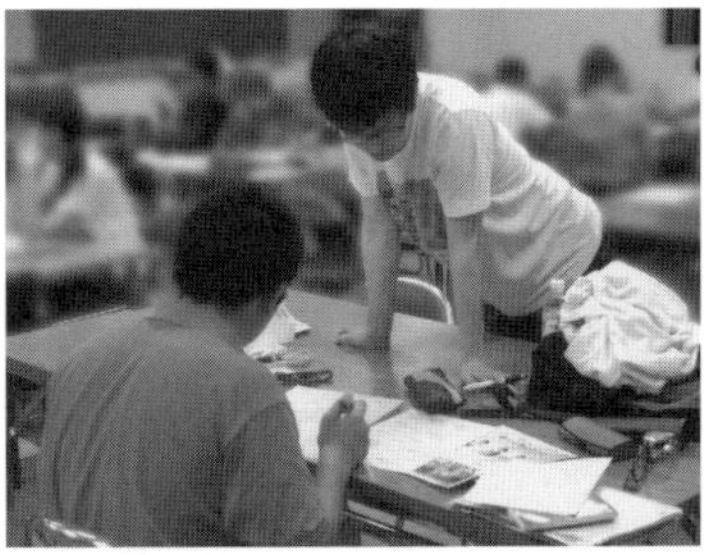

第２図　生徒と学生・一般ボランティアが１対１で対話的な支援を実践する
（写真撮影は東海大学文理融合学部教授・前田芳男氏による）

継続的に学生ボランティアとして、生徒たちの学習面での支援にとどまらない関わりを持ち、信頼関係を育むことで、生徒たちにとって安心できる居場所を生成することができた。そのなかで、生徒たちは、学習意欲が向上し、多様な進路選択への可能性を考えるようになるだけでなく、他者の気持ちを慮るようになるなどの行動様式の改善がみられるなどの成長を獲得してきたとみられる。

(2) 学生たちの学びと成長

元受講生の語りに拠れば、「生徒の能力とかだけに還元するのではなくて、置かれている環境に目を向けないといけないことに気づいた」という。

また、看護師資格を得たのち、学士入学で岡山大学に入学し、授業を通して、「ワンステップ」事業に関わった元受講生は、「大学3年生で、そういう家庭があるっていうことを初めて知って、自分から地域へ出て、大学以外での勉強会とか講習会とかに積極的に参加するようになったり、自分からどこかへ興味を持って出て行くとかそういう力がすごくついた2年間だった」と語る。

さらに、正課と課外を通して、4年間、関わり続けた別の元受講生は、「元々、福祉の方面は興味があったんですけど、大学進学の選択のときには、福祉に絞り込むことができなくて。けど、「ワンステップ」に関わらせていただいた4年間がきっかけで、専門的な知識や視点を持って、困っている方のお話を伺いたいなっていう気持ちが強くなった」と語る。

以上からは、「ワンステップ」に通う生徒個人の能力・資質に帰するだけでなく、生徒たちが置かれている環境が彼らを阻害／疎外していることを想像することで、全体状況を理解しようとすること、大学の教室だけでは学べない地域社会の実際を肌身で感じることで、より学習意欲や行動意欲が高まったこと、「ワンステップ」事業への関わりを通して、福祉の世界で働くことへの確信を得たこと、などが語られている。彼らが異口同音に語るのは、「大人というより、生徒たちからいつも教えてもらっていた」ということだ。生徒たちに寄り添い、信頼関係を構築しながら、居場所を形成していくなかで、学生たち自身も生徒の置かれている状況や環境についての学びを深めていったことが想起される。

第３図　製パン工場からの「差し入れ」は生徒たちとの対話の潤滑剤となる
（写真撮影は東海大学文理融合学部教授・前田芳男氏による）

4　地域社会における「ウェルビーイング」の実現に向けて

これまで見たように、「ワンステップ」事業は、産学官民の多様な主体の連携と協働による学び合いの空間であるといえる。このなかで、「対象者」「利用者」としてやってくる生徒は、学生や一般ボランティアをロールモデルとして、また、ボランティアたちは、生徒たちに寄り添う支援活動を通して、彼らが置かれている状況や環境についての理解を深めていった。冒頭にふれた「ウェルビーイング」の観点からは、空間的時間的に持続する良好な状態が実現することが重要であり、「ワンステップ」はそれを地域社会で実現するための契機となるような空間であるとみることができよう。ここにいう「ウェルビーイング」とは、昨今の可測性を優先した「達成目標」としてのそれではなく、まさに、「より積極的に人権を尊重し、自己実現を保障する」営みの過程（運動）としてのそれであることを強調して本稿を閉じたい。

文献

総社市社会福祉協議会（2022年）「令和4年度社会福祉法人総社市社会福祉協議会事業報告」58頁。
高橋重宏（1994年）『ウェルフェアからウェルビーイングへ　子どもと親のウェルビーイングの促進　カナダの取り組みに学ぶ』川島書店、177頁。
中央教育審議会生涯学習分科会（2022年）「第11期中央教育審議会生涯学習分科会における議論の整理～全ての人のウェルビーイングを実現する、共に学び支えあう生涯学習・社会教育に向けて～」22頁。

論考・調査・報告④

地域を共に創る仲間づくりの方法論

高齢者大学校における多層多元的なつながりに注目して

堤 拓也

● **profile**
つつみ・たくや
佛教大学教育学部特任講師。1992年、大阪府生まれ。2023年、神戸大学大学院人間発達環境学研究科博士課程を修了し、現職。博士（学術）。学生時代にハンセン病療養所や東日本大震災被災地におけるワークキャンプと出会い、現在も実践と研究を行う。

1　地域を共に創る仲間をどう得るか

地域活動は多くのボランティアによって支えられている。しかし、総務省が5年おきに実施する「社会生活基本調査」によれば、ボランティア活動の行動者率は26・0％（2016年）から17・8％（2021年）にまで減少している。[※1] 2020年から新型コロナウイルス感染症の感染拡大がおこり、長らく人との出会い・交流を避けなければならない期間が続いた。ボランティア活動に取り組む人々が減少した背景には、このような状況が大きく影響を与えたものだと考えられよう。今後、どのようにして地域につながりを取り戻し、住民主体のまちづくりを進めていけるのかということが課題となっている。

筆者が以前勤めていた「明石市立高齢者大学校　あかねが丘学園」（以下、「あかねが丘学園」という。）では、教養の向上、生きがいの創造、地域社会活動への参画、地域社会活動指導者の養成という4つの目標が掲げられ、明石市内の60歳以上の方を対象に、3年間の学びを通して専攻コース[※2]における知識や技能を習得し、それらを地域で活かす方法を探るという流れがカリキュラムの根幹に位置づけられていた。現在、「あかねが丘学園」は「あかねカレッジ」という新事業に移行し、その学習体系は大きく変化しているが、筆者が「あかねが丘学園」に勤めていた当時には、活動頻度の差はあれ、約80団体ものグループが卒業後も地域で活動を続けていた。本稿では、筆者が「あかねが丘学園」で出会った地域活動グループの動きを紹介することを通して、地域活動グループはどのようにして新たなメンバーを得るのかといった観点から、地域を共に創る仲間づくりの方法論について考察することを目的とする。

2　地域活動グループの創出と卒業後の課題

前述の通り、当時の「あかねが丘学園」では、3年間の学びのなかで、専攻コースで培った知識・技能を地域で活かす方法を探るという流れがカリキュラムの根幹に位置づけられていた。具体的には、2学年の終わり頃から、自分達が取り組む地域課題を設定し、同じ関心を持つ仲間とグループをつくり、地域活動の企画書を練っていく。そして、3学年になると、1回目の地域活動を行い、そこでの活動を振り返って2回目の地域活動に活かし、それらの学びを報告書にまとめていく。当時の「あかねが丘学園」では、こうした一連の学習プロセスを「体験的地域活動」という言葉で表していた。

このような「体験的地域活動」を通して、卒業後も地域で活動を続けるグループが創出されていた。しかし、多くのボランタリーアソシエーションが人材の確保や後継者不足を課題として挙げているように[※3]、「あかねが丘学園」で結成された地域活動グループも、卒業後にメンバーの脱退等を理由として活動の継続が困難になるケースも少なくなかった。このような状況において、次に、地域活動グループはどのようにして新たなメンバーを得るのかといったことが課題となってくる。

3　メンバー募集における説明会方式と相互交流方式

当時、卒業後の地域活動グループが新たにメンバーを得ていた場面を振り返ると、卒業間際の在校生への説明会を開いてメンバーを得る場合（以下、「説明会方式」という。）と、異なる地域活動グループ間の相互交流のなかでサポート体制が育まれていく場合（以下、「相互交流方式」という。）があったように思われる。まず、「説明会方式」について、当時の「あかねが丘学園」では、3学年の授業の一環として、卒業後の地域活動グループによる活動紹介がカリキュラムに組み込まれていた。どこでどんな活動をしているのかということが在校生に伝わることで、在校生の関心や居住地域に応じたマッチングが行われていた。

次に、「相互交流方式」であるが、これは、主として、音楽を通して地域活動を行うグループ（以下、「音楽グループ」という。）の間で生じていた。具体的には、演奏上の都合（例えば、キーボードを演奏できるメンバーがいない等の理由）から、他のグループのメンバーにオファーがかかり、初めはサポーターとして関わっていたものがメンバーになっていくということがあった。また、当時の「あかねが丘学園」における「体験的地域活動」の方針変更もこうした流れを後押しするものであった。これまで、「あかねが丘学園」の地域活動グループの名称は、例えば、38回生であれば「トンボのめがね38」というように、自分たちの回生をグループ名に組み込むことが通例であった。しかし、活動維持のためのメンバー不足といった課題を受け、回生にこだわらないグループづくりが意識されるようになった。こうした変化もあり、グループ間の相互交流が活性化していったものだと考えられる。

授業の一環として行われる「説明会方式」は、そこに参加する在校生が必ずしも地域活動グループへの参加を希望しているわけではないことから、地域活動グループからすれば空振りに終わることも多かった。しかし、在校生が多様なグループの活動に触れられるという意味では、在校生の関心の幅を広げる可能性をもった貴重な場であった。また、「相互交流方式」は、主として「音楽グループ」の間で生じていたが、こうしたグループ間の相互交流が他の領域の地域活動グループ間でも行われるようになれば、より多様な出会い・交流が生まれ、それぞれのグループが発展していくことだと考えられよう。地域活動グループの仲間づくりにおいては、こうした「説明会方式」と「相互交流方式」を適切に組み合わせていくことが求められるのではないだろうか。

4　仲間づくりを促進する多層多元的なつながりづくり

しかし、グループ間の相互交流はなかなかうまくいかないものである。当時、「あかねが丘学園」の「音楽グループ」では、年に数回、合同演奏会が開催されており、また、それぞれのグループのメンバーが「器楽クラブ」や「リコーダークラブ」といった別の集団にも重なり合いながら所属していた。こうした条件があったからこそ、複数の「音楽グループ」間で相互交流が進んだものだと考えられる。また、「説明会方式」において居住地域によるマッチングが行われていたように、地域というつながりも仲間づくりのきっかけとなりうる。整理すれば、異なるグループ間のコラボレーションの場、同じ趣味を持つ仲間同士の交流の場、居住地域をベースとしたつながりといった様々なグラデーションの〈きょうどう（協働・協同・共同）〉の場が重なり合うことによって多層多元的なつながりが育まれ、「相互交流方式」による仲間づくりが促進されるのではないだろうか。

現在、「あかねが丘学園」は、人生１００年時代を迎え、より多様化する学習者のニーズに応えるため「あかねカレッジ」という新事業に移行している。「あかねカレッジ」は、**図1**に示すように、3つのコースと「あかねカレッジ コーディネートセンター」から構成される。具体的には、市内に13ヶ所ある中学校区コミュニティセンターで開催される数多くの講座から学習者が学びたい講座を自由に選べる「ライトコース」、ボイス学科、アンサンブル学科、花づくり学科、野菜づくり学科、あかし地域学科、あかし自然環境学科、健康・スポーツ学科、広報・デザイン学科、サイエンス学科、ものづくり学科という10学科からテーマを1年間かけて学べ

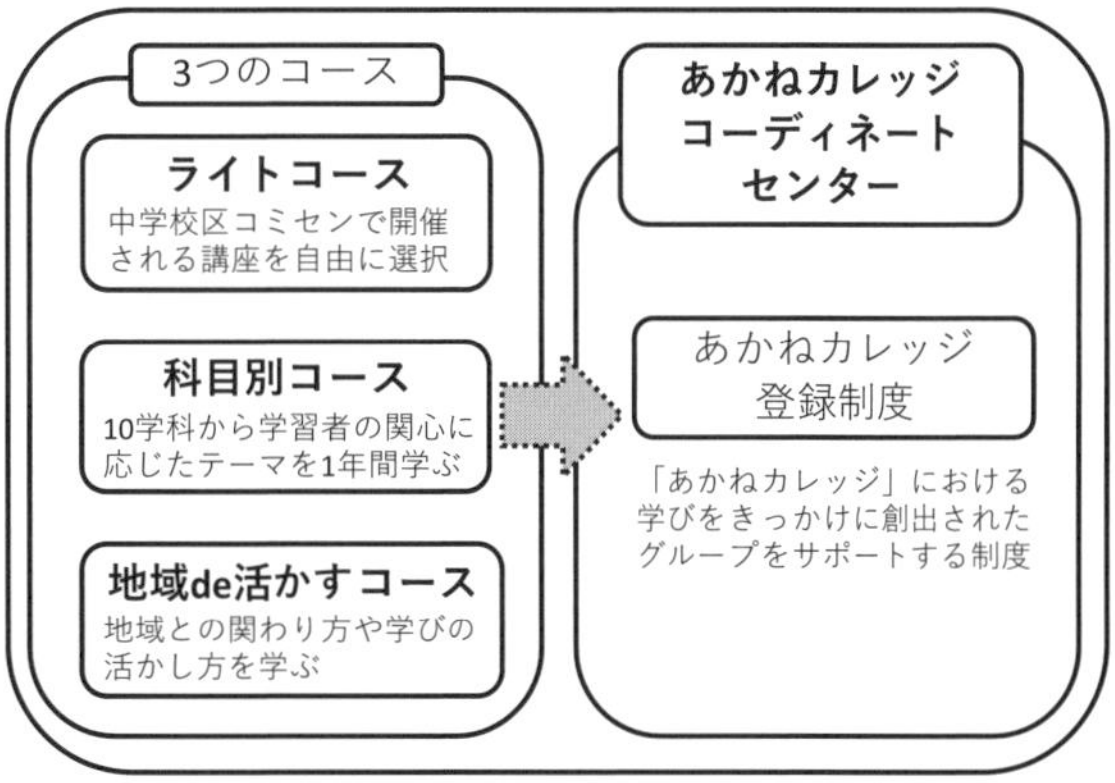

図1　あかねカレッジの学習体系

る「科目別コース」、地域との関わり方や学びの活かし方を学ぶ「地域de活かすコース」という3つのコースが設けられている。[※4] そして、「あかねカレッジコーディネートセンター」には、「あかねカレッジ登録制度」という「あかねカレッジ」における学びをきっかけに創出されたグループをサポートする制度が設けられており、2023年度時点で41団体が登録されている。[※5] 学習者はこうした複数の学びの場を有機的に連関させながら、豊かな学びを展開し、多様な出会いを得ていくのだろう。

また、その際、こうした複数の学びの場を連関させていくにあたってはコーディネーターの存在が重要となってくる。「あかねが丘学園」においても、授業、クラブ、地域活動における学生の学びを架橋し、学生間のつながりを紡いでいく上でコーディネーターの果たしていた役割は大きかった。令和2年度より社会教育の分野では「社会教育士」[※6] という専門人材の称号が新設されたが、このような学びの場を連関させていく取組が、あらゆる領域の活動においても求められるようになってきたということであろう。先行き不透明なVUCA時代において、地域・社会課題はますます複雑化している。多様な〈きょうどう（協働・協同・共同）〉の場を連関させ、地域を共に創るつながりを紡いでいくにあたり、どのような福祉教育・ボランティア学習実践が求められるのか、今後の課題としたい。

〈謝辞〉

本稿の作成にあたり、ご協力及びご助言をいただきました「あかねカレッジ」職員の皆様には心より感謝申し上げます。

注

※1 総務省統計局（2022年）令和3年社会生活基本調査：生活時間及び生活行動に関する結果の概要 https://www.stat.go.jp/data/shakai/2021/pdf/gaiyoua.pdf

※2 筆者が担当した学年には、景観園芸（定員20名）、健康ライフ（定員30名）、ふるさとコミュニティ（定員30名）、音楽交流（定員20名）、陶芸文化（定員16名）という5つの専攻コースがあった。

※3 内閣府（2021年）令和2年度特定非営利活動法人に関する実態調査報告書 https://www.npo-homepage.go.jp/uploads/R2_houjin_report.pdf

※4 あかねカレッジ https://akane-college.jp

※5 あかねカレッジ（2023年）あかねカレッジ登録団体一覧、あかねカレッジコーディネートセンター

※6 社会教育士について https://www.mext.go.jp/a_menu/01_l/08052911/mext_00667.html

実践事例①

廃校から広がる地域の輪

持続可能な地域を目指す金山町東地区の実践

鈴木　亘

● **profile**
すずき・わたる
下呂市金山町東地区担当の集落支援員。東京海洋大学大学院を修了後、NHKで6年間ディレクターとして勤務。2019年に地域おこし協力隊として金山町に移住。2022年度より現在の集落支援員となる。

←著者が活動する金山町東地区の紹介動画

概要

下呂市金山町東地区では、廃校となった東第一小学校を拠点に持続可能な地域づくりに取り組んでいる。地域コミュニティ、未来ビジョン、チャレンジ、次世代教育の4要素を育む「EASTプロジェクト」を掲げ、カフェ開設やイベント実施で世代間交流を促し、さらに地域外の若者の意見を地域づくりに反映させる取り組みを展開。住民の「思い」がつまった廃校から地域の輪が広がっている。

1 持続可能な地域を目指して

岐阜県下呂市金山町の東地区は、下呂温泉街から車で30分ほど南西に下った自然豊かな農村地域だ。人口は1100人ほどで、高齢化率は50%に上る。縁あってこの地域に移住した私は、地域おこし協力隊を経て、令和5年度から集落支援員として廃校になった東第一小学校（以下、東小学校）を拠点に、地域活性化に取り組んでいる。目下の目標は、東地区を10年20年にわたって持続可能な地域にすることである。

持続可能な地域を作るためにはいったい何が必要なのか。ソーシャルデザインが専門の筧裕介氏の著書『持続可能な地域の作り方　未来を育む「人と経済の生態系」のデザイン』（英治出版）によれば、4つの要素が必要だという。①地域コミュニティ、②未来ビジョン、③チャレンジ、④次世代教育である。私は集落支援員として、地域と協力して廃校を拠点に、この4要素を育むことを目標として活動を続けてきた。

2 未来のビジョンを描く

令和4年3月、金山町の4つの小学校が1つに統合された。東地区唯一の小学校だった東小学校は112年の歴史に幕を閉じた。地域おこし協力隊の任期を終えた私は、同年4月から廃校を拠点に東地区の集落支援員を務めることになった。集落支援員としてまず取り組んだのは、東地区住民の意見を聞くためのワークショップ（以下、WS）だった。20代〜50代の現役世代を中心に30名ほどで廃校活用についての意見を出し合った。「カフェがほしい、マルシェをやりたい、ドローン教室はどうか…」。活発な話し合いから多様なアイデアが出された。それらの意見をまとめる形で、東地区の未来ビジョンとして「EASTプロジェクト」を掲げた。東地区の財産である農と自然体験、そして新たなテクノロジーを組み合わせ、持続可能で豊かな地域を目指すというビジョンである。

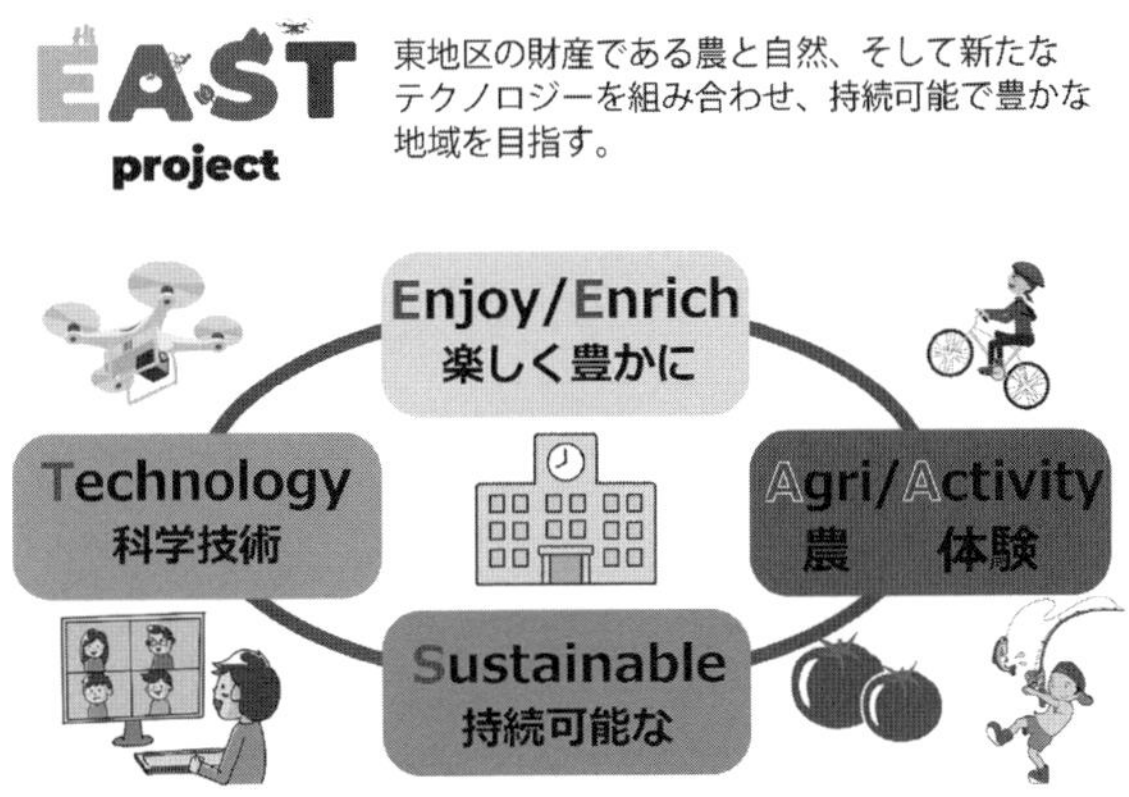

EASTプロジェクト概要

3 世代を超えてつながる輪

WS後、要望が多かったカフェスペースを作ることにした。地元の建築会社（社長は東小学校の卒業生）に依頼し、職員室横の給湯室を改修した。改修費は、東地区の団体である東地区集楽環境保全会（以下、保全会）が負担した。同時に、WSに参加してくれたメンバーを中心にカフェチームが発足した。下呂市出身の炭火焼珈琲焙煎士から本格的なコーヒーの淹《い》れ方を教わり、カフェ営業に向けて体制を整えていった。

令和5年4月、職員室を開放して初めてのカフェ営業を実施した。棚には残されていたアルバムを展示した。来校した大人たちは、若かりし日の両親を見つけたり、自分の子ども時代の姿を探したり、アルバムを囲んで会話が絶えなかった。

カフェのOPEN以来、毎月第4日曜日は地域の住民たちから「やってみたい」を集めてイベントを開催することにした。これまでにマルシェ、夏祭り、餅つき、お花見など、卒業生が中心となって地域を盛り上げている。

4 挑戦が地域を盛り上げる

続いて、カフェチームの中心として活躍する大学生のN君を紹介したい。

最初のきっかけは、当時大学2年生だったN君が、「母校の廃校活用に関わりたい!」と私に連絡をくれたことだった。ちょうどカフェの準備を進めていたこともあり、カフェチームのメンバーとして学校を盛り上げることになった。最初こそ、手を震わせながらコーヒーを淹れていたが、今ではコーヒーレッスンの講師を務めるほど成長している。

そんなN君と新しく取り組んだのが、出張カフェだった。N君の実家は東地区の中でも高齢化率が高い集落にあり、学校まで足を運べないご年配の人たちが多い。地区の集会所でカフェを開催することで、小学校まで来ることができない人たちにも楽しんでもらいたいと考えたのだ。出張カフェの当日、N君の呼びかけで15人ほどが集会所に集まった。頼もしくコーヒーを淹れる姿を見て、N君のことを昔から知る地元の人たちはみんな笑顔になっていた。若者の新しい挑戦は、地域に希望をもたらしてくれる。

5 次世代へ思いをつなぐ

金山町では、学校と地域が一体となって子どもたちを育てようというコミュニティ・スクール（学校運営協議会制度）が始まり、中学生たちが地域でボランティア活動に参加できるようサポートしている。生徒たちの自主性が大切にされていて、やってみたいボランティア活動があれば先生を通じて応募する形だ。

令和6年1月、中学生たちに小学校でのイベントのボランティア募集をかけてみることにした。企画したのは東地区で採れたもち米を使った餅つき。初めての募集であったが9名の中学生たちが手伝いに来てくれた。中には5年生のときまで通っていたという生徒もいて、校舎の中を懐かしがっていた。地元の大人たちが、餅つきの指導をして、中学生ボランティアがさらに小さな子どもたちの餅つきをサポートする。地域への思いが大人から子どもへ、次世代に伝わるイベントとなった。

地元のもち米を使った廃校での餅つき

6 若者の声を地域に生かす

人口減少が進むと、地元の人たちだけではアイデアも人手も足りなくなってしまう。特に金山町は10代後半〜20代前半の若者の流出が顕著な地域だ。ここで問題になるのが、未来を担うべき若者たちの意見が地域づくりに反映されないということだ。このままでは若者たちにとって魅力がない地域となってしまう危険性をはらんでいる。

この課題を解決するため、東地区では関係人口を増やす2つの取り組みに力を入れている。1つ目がふるさとワーキングホリデー制度である。これは地域外の若者たちが2週間滞在し、就労体験を通じて地域住民と交流する下呂市の制度。東地区ではこれまでに3年間でのべ11名の若者たちを受け入れてきた。動画制作が得意な若者が来てくれたときは、夏祭りの様子を撮影してくれた。動画にしてもらったことで客観的に地域の魅力を再認識することができ、地域住民からもとても好評だった。

祭りの神事に参加する大学生

2つ目に力を入れているのが、大学との連携である。日本福祉大学社会福祉学部の田中優教授と縁があり、令和4年10月に保全会との連携協定が結ばれた。東地区としては、地域行事の担い手不足の解消や若者の視点を地域づくりに取り入れることができ、学生としてはフィールドワークの場として、実践的な地域づくりの現場を体感できる。これまでにイベントの企画、地域の祭りへの参加、新しい観光事業の提案など、様々な形で関わっている。若者たちとの交流が、地域に新しい風を起こしている。

7 廃校から未来を作る

持続可能な地域を作るために、廃校は非常に効果的だ。同じ学び舎で過ごした思い出が、世代を超えて人をつないでいくからだ。一人一人の思いに寄り添いながら、この場所から地域の未来をみんなで作っていきたい。

インサイト

（編集委員・小林洋司）

本実践は、外部資源も巻き込みながら、住民の声を聴き、住民と共に地域おこしを行っているコミュニティベースの好事例である。集落支援員である筆者が媒介となり、住民・建設業者などの技術者・活用する小学校の卒業生の想いと力等を丁寧に結び付けて未来ビジョンを描き、あたたかな場やネットワークにつなげている。

人口減少が進む今日、土地に想いをもつ人々の力をあわせていくことで、地域にネットワークが生まれ、その中で子どもたちが育っていく（次世代教育）。その循環が新たな地域、更なるつながりをつくっていくものであると確信するとともに、こうした実践が広がっていくことを期待したい。

実践事例②

中学生の視点で地域福祉活動計画を作る

「地域でともに生きる」を目指す

武田祥枝

● profile

たけだ・さちえ

社会福祉法人松野町社会福祉協議会地域福祉係長。2007年、松野町社会福祉協議会に入職。地域福祉事業の他、権利擁護事業、くらしの相談支援室相談員を担当。社会福祉士。

概要

地区の小地域福祉活動計画の推進会に中学生も参加し、多世代での「出会いと対話と学びの場」をつくる支援を行った。推進会で、互いのことや地域に対する思いを知り、認め合い、学び合うプロセスの中で、中学生も地域の担い手なのだという意識を持ち、自分たちができることを考え、地域づくりを体験した。

この体験を基に生徒会で、学校と地域住民がつながり、交流し、地域を盛り上げる活動をつくった。

1 地域福祉活動計画の課題

松野町社会福祉協議会では、平成29年度に「いまある支え合いを大切に自分たちでまちづくり」を基本理念とした地域福祉活動計画を住民とともに策定した。町内の自治会10地区全てで、小地域福祉活動計画も策定し、各地区の推進委員を中心に、自分たちの地域の現状を確認し、地域の持つ良さや地域の中での困りごとを把握し、互いに確かめ、話し合うことで当事者意識を持ち、解決策を見つけ、行動に移すことを繰り返してきた。

地域には様々な世代の人が暮らしているが、地域福祉活動の担い手は、60歳代以上が多く、あらゆる世代の「思い」を組み入れた活動計画とは言えないことが課題であった。

2 子ども版 地域福祉活動計画策定への挑戦

本町中学校での福祉学習の取組は、

2年生の総合の時間に実施している。

授業内容を検討するにあたり、担当の先生より学校の授業や行事の内容、生徒の習熟度、興味関心事、クラスの特徴等について聞き取りを行っている。

生徒たちは、互いに認め合うことの大切さを学んだり、自分たちも社会の一員として、社会のなかでの役割について考えたり、救急法や災害時の支援についても学んでいた。また、シトラスリボンの意味について地域の人にもっと広めたいという思いがあることが分かった。そして、クラスの友達同士で助け合い、学び合いができる団結力の強さと積極性があった。

この生徒たちの発達段階なら、子ども版の地域福祉活動計画策定に挑戦できるのではないか。先生と一緒に福祉学習のプログラム内容を検討することとなった。

3 交流して学び合う対話の場

今年度の福祉学習は、2地区の活動計画推進会に参加して、「やってみたい」地域活動について推進委員と意見交換することにした。

推進委員から地域の状況や活動、課題を聞き、学校で学んでいることやアイデアを推進委員に伝える中で、大人と子どもが対話によって学び合う場を作りたいというねらいがあった。

推進会参加までの授業で、社協職員から地域福祉活動計画の内容や、地域活動について説明した。そして、松野町の良いところや地域の課題を出し合い、どんな地域になったら暮らしやすいのか、そのためにはどんな活動が必要なのか、自分たちはどんなことができるのか、したいのかについて話し合い、アイデア出しを行った。

初めは「福祉」ということにとらわれ過ぎてアイデアが出づらかったが、「中学生の自分たちが学校の外で本当にしたいこと」について考え始めると、豊かなアイデアがワークシートを埋めていった。

アイデア出しをしていくうち、「福祉のまちづくりというのは、困っている人を支えるだけでなく、自分たちが楽しく暮らしやすいまちにすればいい」という考え方に変化していった。

2地区の推進会に参加するため、それぞれの地区の推進委員と「やってみたい」活動を考え、参加する地区の活動計画の内容を予習した。

推進会では、推進委員から地域のつながりや活動、地域課題を直接聞くことで、「地域の人が考えていることが分かった。もっと地域と関わりたい」気持ちが芽生えてきた。

推進委員も、生徒が地域を思う気持ちを知って、「ワクワクする。中学生のアイデアを一緒に叶えたい」と活動意欲が高まった。推進委員と生徒とが対話することで、相乗効果を得ることができた。

当初考えていた授業計画では、「推進会に参加する場」の設定だけにしていた。しかし、推進会が終わった後に生徒から、「地域の人たちともう一回交流したい。その交流会の企画と運営は自分たちでする」と希望があったため、推進委員と交流会を開催することになった。今度は生徒たちが、「交流して学び合う対話の場」をつくりだした。推進会で生徒たちから話したい「やってみたい」を叶える、「やってみたいこと実現交流会」となった。

交流する生徒から、「自分たちのことをもっと知って、中学生の意見も聞いてほしい。生徒会も活動計画策定に関わりたい」と、積極的に地域づくりに取り組もうとする姿勢がみえてきた。

地区の推進会

4 郷土愛を育むことで福祉観を醸成

当初、福祉学習で目標設定していた福祉観は、みんなの幸せのために相互に助け合う、ということだった。そのために、地区の推進会に参加し、「出会いと対話と学びの場」をつくる支援を行った。

郷土愛を育む福祉学習という視点から振り返ってみると、今までの学校教育の積み上げで、郷土愛を持ち、地域に住む人が困っていたら助けてあげたい、地域に恩返しがしたいという感性的認識は育っていた。

「地域の人とやってみたいこと」実現交流会

推進会に参加することで、地域の人・コトを知り、地域の人から見守られていることを実感し、郷土愛が深まった。また、様々な人とコミュニケーションをとりながら、地域の一員としてできることを考え、地域づくりを体験した。さらに、地域課題に対して自分たちができることを考え、交流会を開催し、地域の担い手として主体的に関わるという福祉観まで醸成された。

推進会参加後、生徒の「福祉っていうとおもしろくなかったけど、自分たちが暮らしやすい町をつくるんだと思うとおもしろくなってきた」という感想から、福祉は「何かをしてもらう、何かしてあげる」ではなく、「自分たちが主体的に作っていくもの」に変化した。

5 生徒会活動「まちおこプロジェクト」へ発展

次の年に、この生徒たちが3年生になり、生徒会役員となった時に、「まちおこプロジェクト」という生徒会活動を生み出した。

「まちおこ」というのは、まちおこしの略で、学校と地域住民がつながり、交流の場をつくり、地域のことを互いによりよくしていきたいというプロジェクトで、中学生版の地域福祉活動をかたちにしたものである。

まちおこプロジェクトの内容は、地域の特色を生かした活動内容や、地域課題の解決につながることを考えた取組になっている。例えば、「クリーン作戦」では、10地区それぞれで地域の人と交流しながら清掃活動をすることで、互いのことを知り、つながりづくりをし、困った時には支え合いができることを目的とした活動となっている。

まちおこプロジェクト「クリーン作戦」

まちおこプロジェクトの活動を地域住民に知ってもらうため、町全体で行う地域福祉活動計画の推進会で生徒会より報告し、推進委員と地域に対する思いを共有した。その後は、各地区の推進委員のテーブルに加わり、多世代の視点で、地域の現状や課題、「やってみたい」ことについて対話と学びにより「松野町のこれから」を考えた。

推進会を多世代で行うことで、学校と地域を対象とした福祉学習の場となり、地域づくりに参画する力、地域を動かす力が高まり、地域の成長につながっている。

インサイト
（日本福祉大学・野尻紀恵）

筆者である武田さんが中学生による「子ども版地域福祉活動計画」策定の取り組みを発表されるのを伺う機会があった。「そんなことができるのか?」、「その手があったか」と感動した。

しかも、「策定」だけでは終わらない。多世代で「やってみたいこと実現交流会」を実施し、「ワクワクする中学生のアイデアを一緒に叶えたい」という大人の思いも引き出し、実践活動に押し上げるプログラムにまで発展させている。

中学生が「福祉は自分達が主体的に作っていくもの」と実感し、地域の大人が中学生の姿から学ぶ。そんな相互の学び合いが素敵に絡み合うようにプログラムを運営した、社協の優れた手腕を感じる。

実践事例③

共生社会は知り合うことから始まる

当事者による語りの実践から

服部篤隆

● profile
はっとり・あつたか
公益財団法人北海道精神保健推進協会に平成８年入職。就労継続支援Ｂ型事業所ここリカ・プロダクションでは管理者・サービス管理責任者。精神保健福祉士。

概要

２０１４年から障碍者のメディア事業所として活動している。開設当初は、「メディア」とは何かをスタッフとメンバーで話し合い、どんな活動をするのかを考えるところから始めた。それから10年、大学などでの出張講義やコミュニティＦＭでのラジオ放送等に加えて、映像制作などが主な業務である。近年は「語り」を主体とする仕事も行っている。本稿で精神障碍当事者の体験談を語る。

1　障碍者メディア事業所を始める

当事業所は札幌市内の住宅街の中にある。障碍者（主に精神障碍）のメディア事業所として活動している。利用者で障碍を持っているメンバーは、20代から50代まで幅広い年齢層の12名と4名のスタッフ。冗談や笑いが絶えず和気あいあいした雰囲気が日常を包んでいる。事業所の開設当初は、「メディア」とは何かをスタッフとメンバーで話し合って、どんな活動をするのかを考えるところから始めた。それから10年が経過し、大学などでの出張講義やコミュニティＦＭでのラジオ放送等に加えて、映像制作などが主な業務となっている。近年は「語り」を主体とする仕事も行っている。

そうして縁あって、北海道民生委員児童委員連盟（以下、道民児連）主催研修会の記録映像制作等を行う中で、民生委員児童委員に向けて精神障碍当事者の体験を語る依頼をいただいた。

2 その準備にいたる過程とメンバーの不安や期待

道民児連主催の民生委員児童委員活動推進講座（以下、推進講座）は、道内6か所を1週間ほぼ連日のスケジュールで講義するものであり、当事業所でも初めての体験である。具体的な準備は研修3カ月前から着手した。まずは、ピアスタッフ（当事者経験のある職員）が開催場所や日程をメンバーと共有することから始めた。連日の講話や移動による負担が懸念されたが、メンバーに不安な様子は少なく、「全ての研修会場に行き、自分の話をしたい」という強者もいた。関心は開催場所や行程に向けているようであった。

調整の結果、メンバーが3名ずつ3チームに分かれ、6会場での講義を行うとした。コアメンバー4名（メンバー2名、ピアスタッフ、スタッフ）が講義の進め方の原案を作成し全体で共有した。

各会場で語る共通テーマを「自分にとっての『碍』とはなにか?」とし、「碍（さまたげるの意）」の字の成り立ちに合わせて、自分たちの病気や障碍、これまでの自分のあゆみをスライド3枚にまとめ、そのうち1枚を本人の過去や現在の困りごとなどの「碍」をイメージしたイラストで表現した。

並行して自分の体験談を話す準備も行っている。自分の過去や未来をチームで話し合いながら、スライドや文章に起こしていく。普段から自由に話すメンバー同士なので、かなり突っ込んだ話もできたようである。

「碍」イラスト

本番前のリハーサルにはYouTubeライブを活用した。「幸せとは」と題して、チームごとに話をする時間も作った。他チームの発表を聴く機会にするのと、時間配分などの進行の確認も兼ねた練習となっている。

初めての連続講義と収録業務などメンバー総出での仕事ということもあり、各メンバーの体調に心配はあったが、これまでにも出張を伴う仕事を行っている本人たちは不安に思っていなかった様子である。

あるメンバーは出身地に近い会場で発表するため、過去を話すことで自分が崩れないかを心配する。しかし、その一方で、「自分が少し変われる」期待もあったという。過去に縛られて苦しかったが、「今が変われば、未来が変わる。過去も変わる」と。そうした期待と不安で会場に向かっている。

3 語りによる福祉教育的な効果

推進講座の語りの効果を、参加者アンケートの結果から紐解いていく。内容が「良かった」「良かったに近い」が99%を占めた。多くの方々に受け入れられたことはうれしい限りである。

自由記述回答の内容を見ると、「障碍者の体験や障碍に対して理解が深まった」や、堂々と話をしている姿を見たことで、その人の「健康的な部分を知った」という感想が多く寄せられた。また、希望、本音や仲間への信頼といった「当事者の内面を知った」という感想も多く、これらは、素の私たちを知ってほしいという意図が伝わったと考えている。

当事者の語り

また、参加者の中には民生委員児童委員として身近に障碍者と接している方もいて、私たちの話からより理解が深まったことから、今後その人の個性に近づきたいと、「身近な方への見方や関わり方が変わる」という期待感も見られた。

さらに、「事業所の取組を知った」の回答もある。障碍者メディア事業所という聞き慣れない活動であるが、自分たちで活動を作り上げていく自由さについても知ってもらえたことは、環境が整うと障碍者のみならずどのような方も力を発揮しやすくなるというひとつの実践を知ってもらえたと考える。

4 メンバーの変化

発表したメンバーにも変化が見られ、大勢の前での語りをやり遂げて、それをほめてもらえたことで、自分でも努力したらできるという自信になっている。また、移動に不安のあるメンバーは出張したことで、道内だったら大丈夫という自分の体力に自信を得た。

講義の準備でもメンバーの変化があり、あるメンバーは「話し合ったことで、お互いの得意不得意をより深く知ることができて、その後に話すことが楽になった」という。このメンバーのこれまでの人付き合いは、「他のメンバーのふるまいや発言が気になってしまう」、「他のメンバーのしていることがうらやましくて、自分の感情を爆発させていた」と自身の困りごとにつながっていた。講義を終えて、「準備から一緒にいたので、その人の体験を初めて深く知ることができ、相手の話も聞き、自分の話も知ってもらうことができた」という体験をしている。

「これまで一人で仕事に向きあってきていたのかもしれない。過去からの自分の大きな壁を今回の旅で事業所の仲間がいてくれたおかげで乗り越えることができた感じがある」と、今回の体験で初めて一緒に仕事をした感覚を得ている。

事業所では協働として常に複数人で仕事をしているが、本人の捉え方の変化や信頼感の育成に大きな影響を与えていると感じている。

5 推進講座の実践から得た学び

今回の推進講座で発表の機会を得たことはありがたい体験である。参加者からは「深い話だった」という感想をいただき、各人の語りが深く伝わったことは大きな自信となる。

また、語りを通して他者との関係性が変わったことも大きな収穫であった。事業所内で講演資料を作成するにあたり、メンバーが自分の体験や障碍について改めて考え、それを仲間に伝え、また仲間から感じたことを伝えてもらう。こうしたサイクルを重ねることで、自分の体験を他者と一緒に共有する中で変化が生まれ、また、自身の他者へ捉え方も変化する土壌を作ったのだと考えている。

メンバーは今回の推進講座において、これまでにないほどやり取りを重ねて準備する機会を持ち、仲間と話し合う経験を通して対話することに抵抗がなくなったと話している。

これは事業所で話していく中で、自分のダメなところを見せても低く評価されない安心感があることと、（むしろ自分の障碍の部分を出さないと仕事にならないほどの）周りに表出してもよい状況があったことが大きかったと考える。言い換えると、多少変わっていても大丈夫だという環境にいればこそ、その人が力を発揮できるのである。

これからの共生社会は互いを知り合うことから始まるのであり、こうした自分の気持ちを伝えられる場所が身近にあることが、過ごしやすさや生きやすさを実現していくのだと考えている。

インサイト

（編集委員・馬川友和）

本事例は、障がい当事者の語りが民生委員に与えた影響、そして、その語りによる本人たちの変化が顕著に示されている。その空間は、〝伝えたい〟という当事者の発信と、〝受け止めよう〟という参加者の気持ちが一体感を織りなしていたのではなかろうか。互いに響き合う、共生というテーマを体現していたものと感じる。

この実践は、障がい当事者のがんばりも去ることながら、支援スタッフの配慮や仕掛けも目を見張るものがある。一人ひとりの学びは違って良い、仲間との協働の喜び、そんな当たり前のことを再確認すると共に、当事者の発信による学びの効果が高いことを改めて実感できる事例である。

実践事例④

町とともに育つ山辺高校の教育推進

親子で参加できる高校生レストランふれあい広場

佐藤　吉

● **profile**
さとう・よし
山形県立山辺高等学校　家庭科学科主任・食物科主任
東北女子大学家政学科卒業後、山形県の高校教員となる。現在、山形県立山辺高等学校に勤務して今年で25年を迎える。より実践的な学習を取り入れるため「食育ネットワーク」会員。学校の魅力化アップのため魅力化推進事業の事務局を担当。教諭・栄養士

概要

本校は、「協調」「博愛」「奉仕」の校訓のもと、すべての活動が人と関わりを重んじる「食物科」「福祉科」「看護科」の3学科からなり、それぞれが「調理師」「介護福祉士」「看護師」の資格取得のため、日々の勉学に励んでいる。その中で、産業高校の進学離れが問題になる中、自分たちでできる町の活性化のため「高校生レストラン」を中心に魅力発信を行っている。

1 はじめに

本校は、平成19年度から21年度の3年間、文部科学省主催「目指せスペシャリスト事業指定校」に選ばれ、独居高齢者を対象とした『シルバーシングルと共に生きるスペシャリストの育成～「おいしく」「たのしく」「生き生きと」』のキャッチフレーズのもと事業を展開した。

実践内容は、食物科が高齢者対象とした料理の提供、福祉科が「生き生き体操」「嚥下困難な方への体操」、看護科がハンドマッサージの研究である。「お茶のみサロン」で実践し、町の福祉協議会とともに、推進委員の方と協力して事業を展開でき、生徒のコミュニケーション力が高まった。町の住人の方々から「高校があるから私たちは幸せだ」などの声をいただいた。

2 フューチャープロジェクト（学校魅力化）発信

コロナも落ち着いた令和5年、県教育委員会は、産業高校を応援する【県立高等学校特色化・魅力化推進事業費「産業系高校」の魅力向上】を発信するプロジェクトを企画するように呼びかけた。そこで本校では次の流れと構想で事業を展開することとした。

(1)自治体、産業界の連携
(2)学校と協議会のコンソーシアム
(3)県内企業などと連携・協働によるプロフェッショナルの視点を活かした、より専門的・実践的な共同研究の実施
(4)クラウドファンディングの活用や有識者の意見を取り入れ、取組を持続的に充実させる

以上の流れで食物科を中心に事業を進めることとする。

3 今年度の取り組み

町や町内企業の関係者15名でつくる山辺高産業教育連携協議会を立ち上げ、町と連携して何ができるか、何をすれば生徒も喜んで生きた学びができるかを話し合った。

その結果、山辺町は山形市のベッドタウンになっていることから【「子育て世代」応援】を実施することとした。

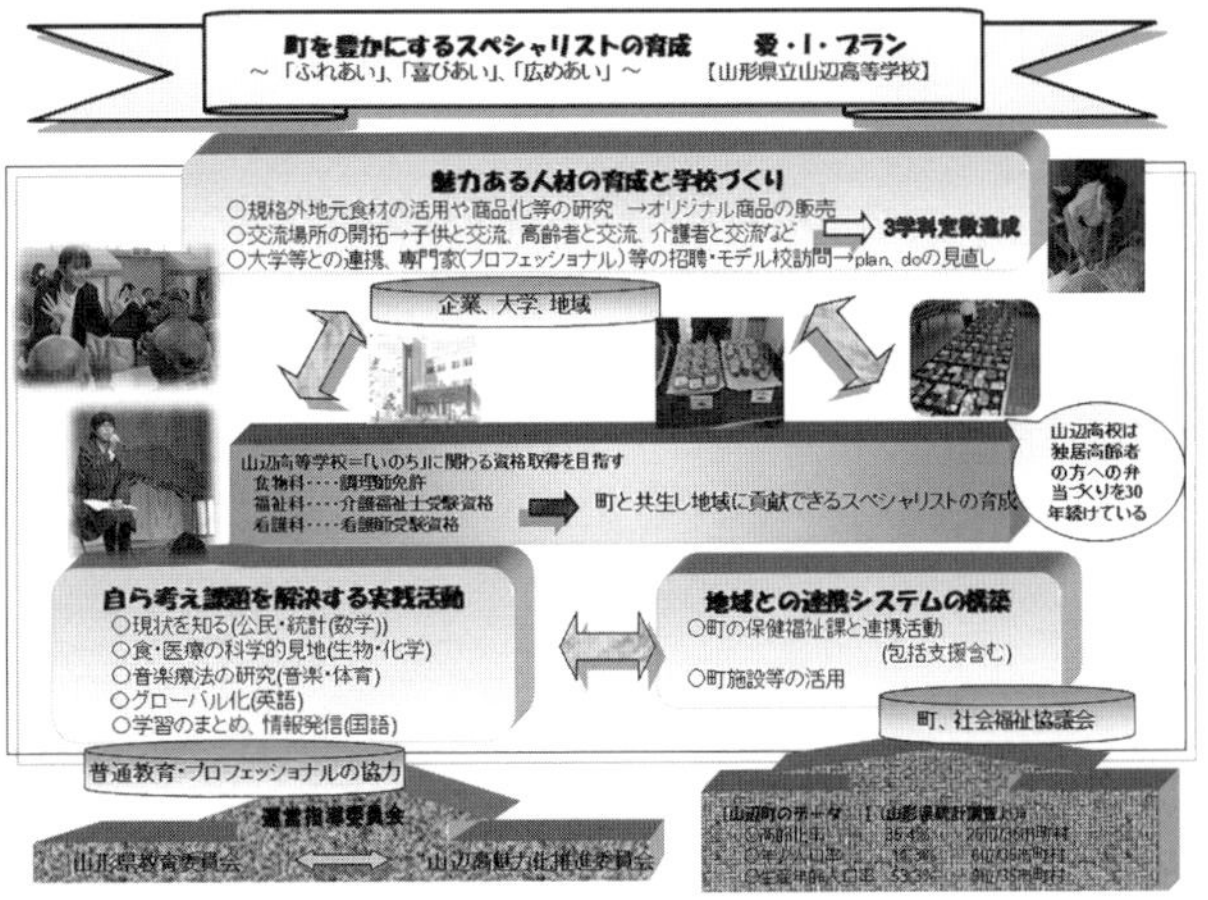

4 親子で参加できる高校生レストランの実施

山辺町の高齢化率は35・4%これは35市町村の26位と低く、年少人口率は11・3%で6位/35市町村、生産年齢人口率53・3%/35市町村となっており、山形市のベッドタウン（住みよい街）に位置付けられている。

しかし、町の商業施設はそれほど充実しているわけではない。そこで子育て支援と商業化も考え、「高校生レストラン」を実践することとした。レストランには西洋料理店というイメージはあるが、その語源はレストレ（回復させる）であり、「回復させるところ」を意味する「restaurant レストラン」という言葉が作られた。山辺高校は「カフェ」などの流行りの言葉でなく、あえてこの語源を尊重して「高校生レストラン」とすることにした。

対象は親子とし、親の保育疲れを癒す「ハンドマッサージ」（看護科）、子どもの発想やふれあいを大切にした縁日や校内スタンプラリー（福祉科）、食育をテーマに栄養を考えた食事の提供（食物科）とした。初めの活動はプレイベントとし、7月8日（土）に実

施した。

　プレ高校生レストランを終え、参加者から「また参加したい」「子育ての中癒された」という声を聞き、コロナの影響で町との交流ができなかった生徒も生き生きと会話ができた。

　そこで、全国で高校生レストランを経営している北海道三笠高校の視察に行くこととした。視察者は、産業界の方と本校教員・生徒の8名で、実際の経営、生徒の動き、かかった費用、市との関わり方など詳しく知ることができた。生徒の感想は、「同じ高校生とは思えないほどの自主性、統一性がとれていてとても参考になった」ということだった。

　そこで、本校でできることは何かを考えた。本校は他校にない3学科があり、健康と食事をテーマに実践することとした。

　第1回高校生レストランを9月9日（土）に実施した。食物科は食事の提供、福祉科はアイロンビーズを子供とともに作成し、ふれあいを体験した。看護科は親の方へハンドマッサージをしながら、子育ての大変さや不安・喜びなどを教えていただき、「子育て世代の生の声を聞けた」と生徒の喜びに繋げることができた。

　子供の活動は意外と時間がかかるので、イベント後、食事提供の形をとったので有効に時間を使えた。また、プレの時、子供の食べる量が年齢や個々の特徴で違うためバイキングとした。

　大成功であったが、PR不足から、定員にならなかったので第2回は山形市、寒河江市と近隣にもチラシを配布することとし、12月の第2回に備えた。

　第2回は、応募人数も多くなり、クリスマス特集として、マンドリン部とともに歌ったり、楽器を触ったり、ハンドマッサージや折り紙作成などを実施した。感想として、「楽器が面白かった」「一緒にカップケーキの飾りをしたのが楽しかった」などの声を聴くことができた。また、1回の時、子供の方が好きなものをたくさんとったりしたので、食育紙芝居を食物部が作成し、食事前に披露、バイキングの時、栄養も考えて取るようになったことは大きな収穫であった。

　今回のレストラン経営の一番の収穫は、食事を提供する際、生の声が聞くことができて、「人に出す料理」を実感できたことである。子供のバイキングも子供の好きなものと親が食べさせたいものが違っていたり、偏った食事に悩んでいる親から、生徒が相談を受けていて戸惑ったりと、思うようにいかなかったところもあったが、全体的にスムーズに流れていた。回数を重ねる大切さがわかった。

　そこで、食物科はその後「高校生レストラン」として、高齢者料理教室を1月に実施、中学生料理教室を3月に実施し、4月には、一般の方へ提供する「レストラン経営」をした。

今年度は食物科をメインに活動しているが、来年は「福祉科」である。そこで2月に、愛知県立古知野高校と千葉県立松戸向陽高校を視察し、それぞれの活動について学びと交流を深めた。

5 今後の展望

今年度の取組で、食物科の生徒の技術向上、料理に対する関心度の深まりにつながった。その結果、様々な料理コンテストで賞に輝くことができた。特に全国料理選手権「うまいっしょ甲子園」では、準優勝という結果となり、山形の食材、郷土料理の紹介を全国へ発信できたと思う。「スマイルフードコンテスト」では東北大会優勝に輝き、商品化になる予定である。

また、食物部では、山形中央高校とコラボして下宿生の休日に不足しがちな栄養を克服するため料理の提供もはじめた。さらに山辺町を活性化するため、駅近くに設置した「自動販売機」に菓子を毎週提供している。

町の方々は遠いところからもわざわざ購入に来られているとお聞きする。この活動がメディアでも取りあげられ、広く知られるようになった。

山辺高校のブランド化するためのキャッチフレーズは「愛で育つ山辺高校」である。生徒、教員、保護者、地域の方々が同じ方向性で地域を盛り上げ、さらに発展していきたいと思う。特に子育てしている方々から子育ての大変さより子育てのやりがいや子どもと触れ合うことの楽しさを生徒が体験できたことは大きいと思う。少子化に歯止めをきかせる方法の一つになればよいと思った。福祉科も先日「介護プライド」に参加し、ブランディングについても学習している。

この事業に携われたことに私自身喜びを感じ、さらに新たな一歩にしたいと「わくわく感」がたまらない。生徒とともに地域共創に励んでいきたい。

インサイト
（編集委員・奥山留美子）

学科の特性を生かし、地域の中で学びを深める実践である。

生きることを支える食。生徒は、実践を通し、誰のためにどんなものを作るのか深く考えることになる。時間やコスト、提供スタイル、さらに広報まで含んでの生きた学びである。参加者にとってはイベント的に、生徒にとってはスモールステップを踏んだ発表の場として効果を発揮している。さらに、部活動として他校の健康課題に向き合う実践も注目される。指導者の力量は無論であるが、関係機関の連携・協力は欠かせない。地域で愛される高校の証だ。

多くの笑顔に接した生徒が、達成感をバネに社会で活躍する姿が見えてくる。

KITARUで取り組む、対話を大切にした就労支援

● profile
もり・しんたろう
特定非営利活動法人 KITARU 代表理事
ソーシャルワーカーとして、生活支援や就労支援、福祉教育・ボランティア学習に携わる。2021年6月より現職。これまでの活動から、相互に支え合う関係性や地域づくりを大切にした取り組みをこころがけている。

森　新太郎

1 KITARUって？

KITARU[※1]は、就労移行支援と就労定着支援を運営している。また、地域活動への参加やワークショップの企画運営を通じて、地域との接点を意識した活動を行っている。活動を通じて「聴くこと」「語ること」を繰り返しながら、暮らしの中で「腑に落ちた」と感じる機会を豊かにしていくことを目指している。

2 KITARUで取り組む就労支援

KITARUでは障害福祉サービスを通じ、障害のある方（主に精神障害、発達障害、知的障害）の就労をサポートしている。特徴の一つに、グラデーションを意識した就労体験がある。例えば、施設内での事務作業や昼食作りに携わるなど、働くことの原点のような役割を担い合う体験や、地域のシェアハウス共用部分の清掃作業請け負い、就労をイメージするための実習のようなことも行っている。体験する時間数や頻度はそれぞれ異なり、できるだけメンバー[※2]の能力ではなく、興味や関心に基づき参加できるような工夫をしている。

そして、メンバーとの関わりで大切にしていることとして、利用期間を越えたつながりを意識している。これは、「帰ってくることができる場所」というたっていて、メンバーは、就労移行支援の利用終了後もプログラムに参加することができる。メンバー同士が相談しあう居場所のような機能を維持していて、夜間に卒業したメンバーと現役のメンバーが交流するようなプログラムもある。実際、障害福祉サービスの利用期間より、その後の関わりが長いメンバーも珍しくない。

安心安全な場をいつでも戻れる居場所で担保しつつ、メンバーそれぞれに合った体験を経験することで、働くことへの不安を少し取り除くことができればと考えている。

※1　名称のKITARUは、聴く（KIく）語る（かTARU）を組み合わせた造語である。
※2　利用する人のことを、施設を共に運営していく仲間という意味を込め、このように呼んでいる。

3 地域との接点を意識した活動

地域活動は、武蔵野アール・ブリュットという表現活動を通じて多様性を大切にする地域づくりや、タワーズマルシェというタワーマンションの公開空地を活用したマルシェに参加している。ＫＩＴＡＲＵの企画では、レゴ®シリアスプレイ®メソッドと教材を活用したワークショップという、レゴ®ブロックを使って対話をするワークショップや、しめ縄を作る過程で対話を育むワークショップを行っている。最近では、精神保健福祉士の強みを活かし、中学校でメンタルヘルスをテーマとした福祉教育を行った。複数の立ち位置（参加するものや企画するもの）、チャンネル（アート、レゴ®、福祉教育など）があることで、地域との接点を少しずつ増やしていくことを試みている。

4 就労支援を制度に頼りすぎか

障害のある方々の就労への気持ちは、自分がやれる仕事があるならチャレンジしてみたい、短い時間や自宅の近くであればできるかもしれない、仕事はしたいが病気や障害について配慮してほしいなど、様々な想いが存在する。また、地域に比較的密着している中小企業では、少しの時間でも採用したいが応募がない、繁忙期だけ雇いたいがそんな都合よく働いてくれる人はいない、個人経営でいつまで続けるか悩んでいるなど、就労に関連する課題感は多岐にまたがっている。

一方、政策面では障害者雇用促進法によって障害のある方の働く機会は増えていき、法律の改正を繰り返しながら法定雇用率は上昇の一途をたどっている。法整備によって、規模の大きい企業を中心に受け入れ体制も整ってきた。障害を雇い主に開示して就労する人の多くは、制度を活用した働き方を目指している。

これまでの就労支援では、障害者の採用を進める必要がある企業に焦点をあてて行ってきたように感じる。ただ、働く場全体を広げてみると、例えばスポットでの採用は就労体験に活用できるし、短時間の就労を希望するメンバーもいて、組み合わせによっては、障害のある方の希望と地域の企業ニーズが一致するかもしれない。そのように捉えると、障害のある方の働く機会を法定雇用率に頼りすぎていたのではないかと感じるようになった。

5 身近な地域で働くことを目指して

障害のある方々の想いを聴く機会や地域との接点をもつ機会はとても貴重である。なぜなら、障害のある方々は自身の想いを話すことに不安や躊躇があったり、そもそもそのような機会が少なかったりする。また、地域の企業は、一つひとつの声はそれほど大きくない。今後は、より具体的に対話の機会を通じて、身近な地域で働く機会を作ることに取り組みたいと考えている。

桜ボランティア協会の「これまで」と「これから」

辻　康

● profile
つじ・やすし
NPO法人桜ボランティア協会副会長、広報部長
損害保険会社に勤務して各地を転々とし四日市市に住みつく。定年退職後、ただちに自分の居場所を会社から地域に移し、ボランティアに参加。協会ではスケッチ教室講師を務める。大阪市出身、77歳。

「今は若い世代が多い桜地区も、間もなく高齢社会を迎える。家族だけでお年寄りを介護するのは大変だ、限界がある。そのために住民同士が支え合う態勢をつくっておかなければ」という思いから、桜ボランティア協会は26年前に発足した。

今や桜地区は四日市市で上位5番目の高齢地区となった。人口約14000人、6000世帯。高齢化率は34%と市の平均26%を上回る。

当協会は、ボランティアとして援助する人も、支援を依頼する人も同じ立場で、双方が年会費1500円を支払う。その人数は援助会員約110名、依頼会員220名、計330名である。年齢が進むにつれて、これまで元気で援助してきた会員が、援助される側に替わるようになってきた。**「元気なうちはボランティア、困った時もボランティア」**が当協会の合言葉である。

当協会は**「病院付添送迎」**と**「サロン活動」**が二本柱である。桜地区は市の郊外にあるため、病院へのアクセスがよくない。運転免許証を返納する人も増える。そのため依頼者を車で病院へ送り迎えするのだが、その件数は年間1200件を超えている。

サロン活動は、「お年寄りの幼稚園」と揶揄されることもあるが、高齢者が家に引きこもらず、外に出て交流し、楽しく学ぶ。その結果、健康になり要支援状態が改善される。メニューは多く用意し、カラオケ、手芸、絵手紙、講演会、脳トレなど、楽しく、ためになる講座を開いて飽きさせない。どの講座にも、始める前には筋力を高めるために約40分間の**百歳体操**がある。

住民の生活支援への危機意識と善意からスタートしたが、これまで小さな変革がいくつかあった。

①任意団体からNPO法人に切り替えた。「素人でできるのか、手続きが面倒らしい」と法人化を危ぶむ声もあったが、県の担当課と相談し法人化を果たした。

②介護保険の制度改定によって、四日市市が実施主体となった介護予防・日常生活支援総合事業に参入した。65歳以上の生活機能の低下が認められる人を中心とした支援の取組である。目新しいことを始めるわけではなく、これまで当協会が培ってきた経験とノウハウで続ければいい。社会福祉協議会のバックアップもある。活動件数に応じた支援金が市から得られ、財政的基盤が安定した。

③活動拠点の事務所を住宅団地の商店街に移転した。スーパーマーケットに近く、買い物の行き帰りに立ち寄れる。利便性が高まり、より親しまれる存在となった。

④ＩＴに精通した人材を得て、事務のデジタル化を図った。大型モニターで病院送迎の状況が可視化でき、運転者の手配がスムーズになった。

ボランティアの活動の主体は「人」であり、地域住民のマンパワーである。近くに暮らしていながら、知り合えなかった人たちが寄り合って活動する。人とつながる楽しみがあり、交流の場となる。その原動力は「熱意と好奇心」である。中心的な働きをする何人かの献身的な活躍と熱量が、まわりの人たちにいい影響を及ぼす。しかし少数者に頼るのではなく、分野別に分散し、事務量の負担を軽減したい。これからの課題の一つである。

現在、活動を支えているのは「団塊の世代」を中心とした70代である。「あと5年は大丈夫か、10年は無理だろう」と協会の存続を心配する向きもあるが、人生百年時代、80歳でもまだいける。元気な高齢者が弱っている高齢者を支える積極的老々介護を通して自分の健康も維持できる。自分が必要とされていることで元気が保てる。頭と体を使うことは認知症の予防になる。とはいえ、後継者問題は永遠の課題である。

ボランティアを始めるに当たって、「地域への恩返し」と、堅苦しく考えることはない。自分の楽しみのためと割り切ることができれば、気楽な気持ちで、張り合いを持って動き続けることができる。人とつながるボランティアの活動を面白がればよい。楽しくなければ長続きしない。

「有償のボランティア」も取り入れた。少額の手当をもらい気持ちよく活動したい。ボランティアで報酬が得られれば、ボランティアになる人は増えるだろう。助け合うコミュニティの人材確保、後継者増加につながる。「小金を稼いで大きな生きがい」である。

「ボランティアスクール」の活動もしている。小中学生対象に、障がい者に接するボランティアの体験学習である。子どもたちは当協会の存在を知らないが、彼らが大人になったらボランティアの仲間になってほしいと訴えている。困った時に助けになってくれるボランティア活動を桜地区の財産として続け、「桜に住んでよかった」という町にしたいと志している。

わたしの指導案①

プログラミング学習から考える福祉の学び

沢　拓郎

● **profile**
さわ・たくろう
三重県立明野高等学校福祉科教諭
社会福祉学部で学び、高校福祉、特別支援学校等の教員免許状、社会福祉士、社会調査士を所持。講師として飛び込んだ伊賀白鳳高校で福祉教育の楽しさに魅せられ、教鞭をとる。福祉教育研究フォーラム実行委員に参加し研鑽の日々を送っている。

　本授業は、2021年度、第15回福祉教育研究フォーラム『超スマート社会』における青年期の福祉教育の在り方におけるシンポジウム「ICT教材の効果的な活用について」をきっかけに福祉系高校と教育工学、福祉教育に関わる研究者があつまった組織である「福祉系教員のためのICT活用研究会」において作成された教材、指導案を活用して実践したものである。

　指導案・授業のポイントとして主張したいことは、生徒の自由な発想や助け合いを妨げないという明確な意思を教員が持つべき点である。どの授業においても目標・ゴールへ導く中で、経由させたいチェックポイントのようなものがあると考えるが、本授業においてはそれを強制していない。「簡易的な大富豪において勝率の高くなる戦略を考える」というゴールを設置するのみで、自由な山登りのような雰囲気を授業目標とした。

　授業では、オーソドックスな戦略を中心にプログラミングを組み立て、勝率があがる生徒もいれば、「相手の手札をパターン化し、一定条件では必ず勝てる」という誰も考えもしなかった方法で成果を上げた生徒もいた。自由な発想を妨げない雰囲気作りが創造的な意見を生んだ例と考えている。授業では、操作が理解しづらい場面が予想されたため、まず同じプログラムを真似させることから始めたが、基本を覚えてからの生徒の応用力は期待以上のものであった。

　筆者は福祉とは人助けと考えている。この授業の目標でもある「プログラミング的思考を手に入れる」（難しい問題でも、分解して考えることができる。より良い解法を得られるようにする）ことは、困っている人の課題を少しでも解決に導く役割を持つことになるのではないだろうか。

　授業内においてもペア・グループでの活動を促し、困っている友人がいれば助けに行くよう指示した。文部科学省学習指導要領「生きる力」にも示されている「協働的な学び・個別最適化の学び」を十分に意識した授業が実践できたと考えている。

　新たに手にしたプログラミング的思考とともに助け合いの行動ができる生徒たちが地域に出て活躍する未来を期待したい。

三重県立明野高等学校　福祉科１年生　福祉情報指導案

２０２４年2月１９日火曜日　５・６時限

授業者　沢　拓郎

授業の目標

- より高度なフローチャートを作成して、プログラミングすることができる。
- プログラミング的思考を手に入れる。

※難しい問題でも、分解して考えることができる。より良い解法を得られるようにする。

時間	学習活動・学習内容	指導上の留意点	評価・その他
13:30	本授業の目標を確認する。		
13:35	前回の授業内容を振り返り、ルールを確認する。	簡易トランプで行った大富豪ゲームの内容を想起させ、プログラミングにおいてポイントとなるフローチャートの作成の戦術を考えるよう促す。	
13:40	前回行った簡易トランプでの４枚大富豪をPC上でプログラミング言語Scratch（スクラッチ）で操作する。	ペアやグループでの活動も促し、ゲームを楽しみながら操作方法を把握させる。	戦略研究用URL https://scratch.mit.edu/projects/876567516/
	戦略実戦用 Scratch のブロックを組み換え戦術を実践する。 実践・真似をするプログラム (1) 弱いカードから順番に出す戦略 (2) 強いカードから順番に出す戦略 (3) 教員の考えた戦略 (4) 生徒自身が考えるオリジナルで勝率の高いプログラム ４枚大富豪をペアで行いながら、戦略を言語化し、フローチャートを紙に書く。 作成したフローチャートをスクラッチに入力する。入力したプログラムを実行する。	独自のプログラムを構築するのは難しいため、簡単なものから順を追って真似をさせ、ブロック構築の理解を促す。 真似をしながら、操作の理解ができた生徒から、勝率の高いオリジナルプログラムを考え、実践する。 この実践の際もペアやグループでの活動を促す。 自分たちがどのような時に、どのような意味を持って出すカードを決定しているのか、等を言語化できているか机間巡視する。 活動中に生徒が困っているときは、他のペアを見に行くように促す。教員が教えるだけでなく、クラスメイトとの協働的な活動や自ら気づく機会を大切にする。	戦略実戦用URL https://scratch.mit.edu/projects/957360208/
14:10	試行錯誤を繰り返し、より簡潔で、より勝率の高いプログラムを模索する。	普段の授業で伝えている「※山登りの方法の例」を話し、過程が様々にあることを承認させた上で取り組ませる。	※山登りの方法…山頂がゴールで各自それぞれのペース、ルートで登ってよい。ただし途中で困っている友人がいたら助けること、分からないことがあれば友人や教員に尋ねること、と伝えている。
14:20	勝率の高いプログラムを作成できた生徒は内容と狙いを説明する。 教員のまとめを聞き、勝率をあげるという課題を解決する方法が何通りもあることを確認する。	プログラムが完成していなくても面白い戦術を考えた生徒がいれば紹介する。シンプルなゲームにも様々な戦術や方法、ブロックの組み方があることを伝える。最強と考えられるプログラムを紹介し、一部が再現できている、思考が一致している点がなかったか発問し振り返る。	
14:30	大富豪のプログラミングで実践する際に考えた言語化とフローチャート化を日常生活の場面に置き換えてプログラミング的思考で課題解決ができないかを探る。	ゲームの戦略を考えた際に、難しい問題でも、分解して考えることができていたことを伝え、その思考を日常場面に置き換えるよう示唆する。	

（前半のみ掲載。全体はQRコードで大学図書出版HP「読者のページ」からダウンロードして下さい。）

わたしの指導案②

五感で味合う福祉体験授業

スリーステッププログラムで福祉の種を蒔く

福園尋恵

● profile
ふくぞの・ひろえ
1997年小林市社会福祉協議会入職、現在、地域福祉係係長として福祉教育をはじめ、様々な地域福祉推進事業に携わっている。社会福祉士

負のループを引き起こすと言われている疑似体験型の福祉教育。これを最大限に生かす。わたしたちの福祉教育はここから再スタートを切った。

従前は、「3クラス合同・3疑似体験を2校時で」の依頼に職員総動員で対応。しかし結果は、不憫や悲観、人に優劣をつける心を持たせてしまっていた。

それでも体験学習の要望は止まず、ならばと、限られた教育課程の中で取り組め、且つ、効果のあるやり方を考案。それが**事前学習・体験・事後学習**の**スリーステッププログラム**と地域の協力者「協力員aid《エイド》」の導入だった。

学校からの依頼時、まず、担当教諭と打ち合わせの時間を設け、教育内容のすり合わせをしていく。その時、何を大切にし、何を伝えたいかの心を聞かせていただく。そして、事前学習において、体験内容に合わせ、たくさんの「なぜ・どうして」探しをしてもらい、次に体験。この体験が事前学習の疑問の理解に繋がるように仕掛けづくりをし、事後学習へ。ここで「自分たちにできることは何か」をみんなで考え、個々の一心発起へと導いていく。

疑似体験は高齢者体験のみ屋内で行い、それ以外は屋外で実施。オフロードでかなりアグレッシブ、少しリスクを伴う体験内容となっている。それ故、体験中、子どもたちは、はしゃいで騒ぐ、けれども叱らない。これは、教諭にも協力をお願いしている。その理由は体験を肌で感じ、子どもたちの心田を耕し、振り返りへとつなげるため。わたしたちが最も大切にしているものがこの**体験後の振り返り**である。子どもたちに体験の感想を聞きながら、**「凄いところ・同じところ・違うところ」**はどこかと問いかけ、そして、違いはあれど、すべての人が感情を持ち、心があり、同じ大切な命があるということを伝えていく。最後に、みんなにとっての「**ふ**だんの**く**らしの**し**あわせ」とは、どういうことなのか、自分たちには何ができるのか、前文の内容も含め、もう一度、みんなで考える課題、「福祉の種蒔き」をし、芽吹きを願い、教諭にそのバトンを託す。

「なぜ」から始まり、気づいて、考えて、自らが敬愛に満ちた行動できる、そんな人を育てたい。これが、私たちが目指す福祉教育。少しでも、私たちの福祉教育が皆様のお役にたてればありがたいと思っている。

「五感で味合う福祉体験授業」指導案
〇〇小学校（中学校）〇年生　高齢者疑似・車いす・アイマスク体験

【体験日程等】

実施日	授業時間	生徒数	担当 aid さん
●/●（●）	9：35～12：15	34 名	〇〇さん・〇〇さん

Step		学習内容	指導上の留意点
2	体験（続き）	・振り返り 体験した感想を聞く。 （疲れた。しんどかった。きつかった。腰が痛い。怖かった。楽しかった。等々の意見を全て、そのままに聞く。） 体験して感じ取った、自分たちと違いがある中で、「凄いところや素晴らしいところ」はどんなところがあるかを尋ねていく。 （私たちはここで、高齢者の知恵の深さや障がい者スポーツとそのトレーニングに取り組む姿を話している。） その凄いところや素晴らしいところを「凄いね、私たちにもできないようなことがたくさんあるね。」と話していく。 次に、「では、同じところは？」と尋ねて（目、鼻、口、身体、ごはんを食べる、寝る、お風呂に入る、歯磨きをする、趣味がある、等々）、同じところの中に、気持ちや感情もあることを投げかけ、高齢者、障がい者、友達等々、みんなが心を持ち、感情があり、意思があることを伝えていく。 次に、「どんな違いがあったか。」を聞き、違いはあるけれども、その違いを認め、共感することが大切であること、私たち、一人ひとりも違いがあり、全ての違いは個性であることを伝えていく。 そして、高齢、障がいに関係なく、みんな、各々が、できること、できないこと、得意なこと、不得意なことを持っていることを伝え、高齢者や障がい者は、決して、「特別で、可哀想な人」ではないこと、皆、私たちと同じ人であることを伝えていく。 また、「車いすや白杖は何か」と問い、使う方にとって、みなさんの体と同じ、その方々の大切な体の一部であり、物や道具ではないことを伝える。 最後に、ふだんのくらしのしあわせ（ふ・く・し）とは、何か、誰のためにあるのかを問いかけ、事前教育、体験から感じ、学んだことをもう一度、みんなで話してほしいと締めくくる。 ※振り返りは体験時の児童生徒の様子に合わせ内容をプラスしていく。	・振り返りの時間は 15 分～20 分程度 ・事前学習の「なぜ」が体験で感じ取れているかを観察しながら話を進める。 ・児童生徒からの言葉を待つ。言葉が出てこない時には、ヒントを出す。 ・児童生徒の言葉を聞き逃さない。その言葉を認めて次につなげていく。 ・児童生徒が自身も人との違いがあることに気づくように語りかけていく。 ・高齢者、障がい者に係わらず、皆同じ人であり、一人ひとりが大切な命があることに気づくように、語りかけていく。 ・補助具は道具でなく、その方自身の一部、大切なものであることを、児童生徒、自らが気づくように話をしていく。 ・ふだんのくらしのしあわせは、すべての人（生きとし生けるものを含め）のためにあり、当たり前のことが、当たり前ではなく、とてもありがたいことであることに気づいていけるように語りかけていく。 ・ふだんのくらしのしあわせを考える時、直近の災害等の話も触れる。 ・振り返りは、あくまで投げかけ。事後学習への課題づくりになるように進めていく。

（振り返りのみ掲載。全体は QR コードで大学図書出版 HP「読者のページ」からダウンロードして下さい。）

子どもを育む多職種協働

民生委員と小学校の連携により生まれた「子ども民生委員」の取組

新崎国広・水野孝昭

39号の特集テーマは“地域を共創する”である。今回は、子どもたちと住民が協働して取り組んでいる「郷内地区子ども民生委員活動」の福祉教育・ボランティア学習実践を紹介する。

● profile

あらさき・くにひろ
一般社団法人ボランティアセンター支援機構おおさか代表理事、ふくしと教育の実践研究所 SOLA(Social − Labo) 主宰、社会福祉士

みずの・たかあき
社会福祉法人倉敷市社会福祉協議会地域福祉課主任
社会福祉士、精神保健福祉士

本コラム「子どもを育む多職種協働」では、毎回の特集と連動したテーマにおける子どもを育むさまざまな多職種協働・地域協働による福祉教育・ボランティア学習実践を紹介し、協働のポイントや課題について考察していく。

今回紹介する「郷内地区子ども民生委員活動」のルーツは、昭和21（1946）年に徳島県社協の前身の一つ徳島県民生委員連絡事務局に勤務していた平岡国市氏が提唱した「子供民生委員制度」である。当時の活動目標「すべてのお友達を幸福にしましょう」という精神のもと5つの活動理念が掲げられていた。戦後の混乱期で、戦災孤児や不良少年も多く、子どもたちの生活もすさむ一方だった。そんな子どもたちを憂い、子どもの平和を結びつけた運動として「子ども民生委員活動」を提唱した。たちまち県内に広がり、小・中学校そして各地域を母体とする「地域子供民生会」が組織された（出典：徳島県社協HPより）。現在でも、有効な福祉教育・ボランティア学習実践として「子ども民生委員」や「子ども福祉委員」等の名称で各地の社協でも実践されている。

本稿では、「郷内地区子ども民生委員活動」の実践を通して、子どもたちが自分たちの暮らす地域を愛し地域福祉を推進する当事者としての自覚を促す〝当事者性を高める福祉教育・ボランティア学習〟と、子どもたちと住民との異世代交流で取り組まれている〝地域福祉を推進するための福祉教育〟が融合した福祉教育・ボランティア学習実践を紹介する。

1　民生委員と小学校の連携により生まれた「子ども民生委員」の活動について

岡山県倉敷市にある郷内地域では、令和4（2022）年度から、地域の団体と連携した「郷内地区子ども民生委員」の活動が行われている。子どもたちの気づきや思い、小学校と地域住民との連携から始まったこの活動は、地域に多くの影響を与え、地域共生社会実現への一助となっている。

本稿では「郷内地区子ども民生委員」の誕生の経緯や、その役割、活動から得られた効果について、倉敷市社会福祉協議会の職員として関わった筆者の視点をもとに、実際の事例を紹介しつつ述べていきたい。

(1)　地縁団体と児童との交流の機会「郷内学」

郷内地区では、「郷内の子は郷内で育てる」という理念のもと、保育園・幼稚園から小学校・中学校までが地域【コミュニティ協議会・地区社会福祉協議会（以下、地区社協）・ＰＴＡ・公民館・婦人会・民生委員児童委員協議会・歴史保存会等】と連携し、「ふるさと郷内を愛する子どもたちの育成」と、「ふるさとを愛するアイデンティティを育むこと」を目的とする学びの活動として「郷内学」に取り組んでいる。

この「郷内学」は郷内地域学校園運営協議会により独自に考案されたもので、地域を知り、生まれ育った地域に目を向けることで、ふるさとを愛し、誇りに思う子どもたちを育てるために構想された。小学校、中学校の授業カリキュラム（総合的学習）の時間を活用し、地域で活動する様々な地域団体と児童が交流を図ることで、児童の「ふれあい」「発見」「発信」を通じ、自分自身の振り返りと、これからの自分を考える機会となっている。

図1　郷内学イメージ図

(2)　郷内学による児童と民生委員との出会い

郷内地域学校園運営協議会のメンバーであり、郷内地区民生委員児童委員協議会会長の山田敦子氏は、地域を大切にする心をもった子どもを育てるための活動として、小学校4年生の「郷内学」の時間を活用し「やさしさを広げよう」の単元を構築した。この取組は、自分たちが住む地域にはたくさんの団体が活動していることを知り、また多くの人たちに支えられて生活しているということを共に考える時間として、まず、郷内で活動する左記の団体紹介をおこなった。

【子どもたちに紹介した地域団体（郷内地域）の活動】

地区社協／コミュニティ協議会／小地域ケア会議／民生委員児童委員協議会／婦人会／愛育委員会／栄養改善協議会／親子クラブ／たんぽぽ団／郷内公民館／児島民主会館／高齢者のサロン　など

子どもたちに講話する山田さん

郷内地区民生委員児童委員協議会会長の山田敦子氏は、郷内小学校学校支援本部コーディネーターとして、学習支援に取り組んでいる。郷内地区の住民主体の移動支援「ぐるっとごうない」のコーディネーター兼運転ボランティアや、ふれあいサロンの代表、小地域ケア会議の委員長も務める。

このような地域団体の紹介をおこなう中で、子どもたちは民生委員の活動に興味を示していった。そこで、民生委員を授業に招待し、民生委員活動を具体的に紹介する機会を設けた。民生委員との交流は、子どもたちが「自分にできることをしたい」という意欲の高まりを促し、子どもたち自身が「自分たちにできること」を皆で検討する機会にもつながった。

図2「いつまでも住み続ける地域づくり」は、子どもたちから出された「できること」の数々をまとめて整理した図である。山田氏は、子どもたちから出された「自分たちにでき

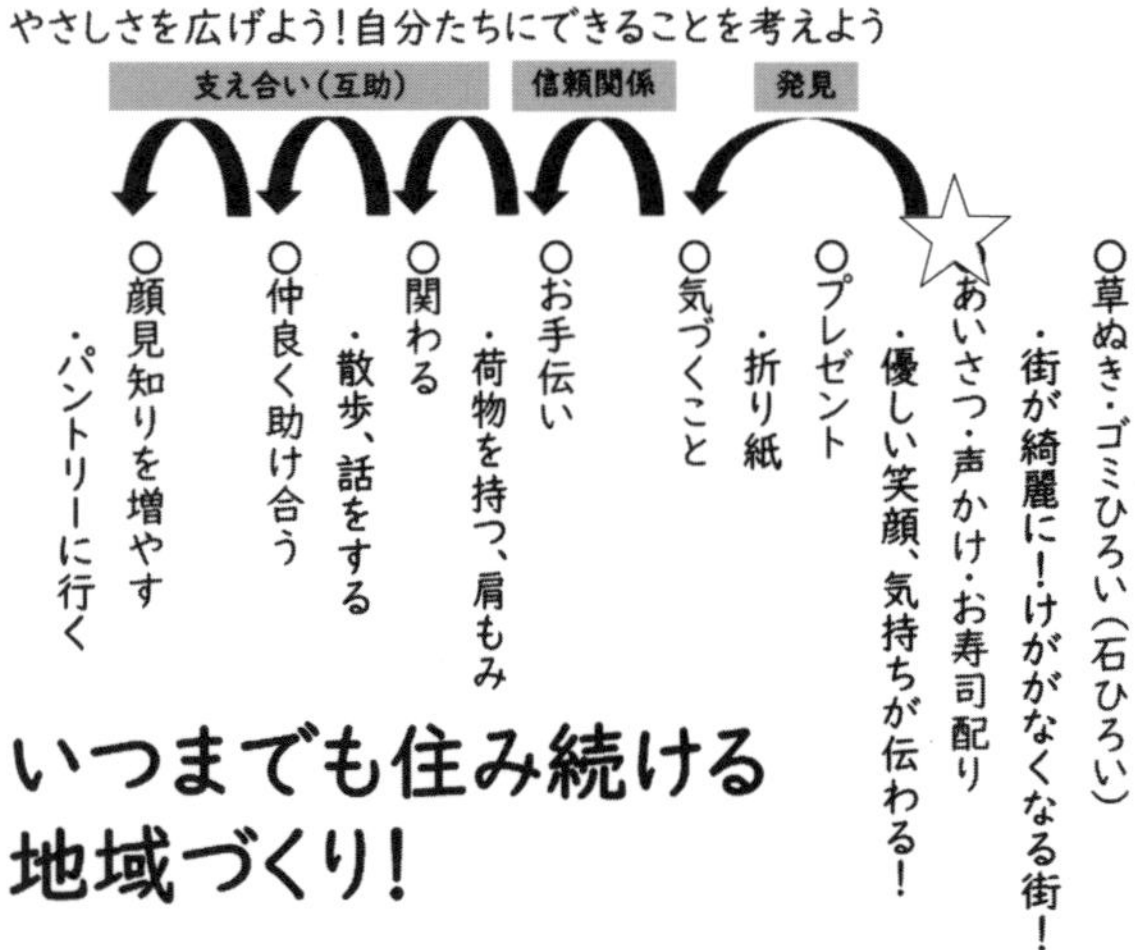

やさしさを広げよう！自分たちにできることを考えよう
支え合い（互助）
信頼関係
発見
○草ぬき・ゴミひろい（石ひろい）
・街が綺麗に！けががなくなる街！
☆あいさつ・声かけ・お寿司配り
・優しい笑顔、気持ちが伝わる！
○プレゼント
・折り紙
○気づくこと
○お手伝い
・荷物を持つ、肩もみ
○関わる
・散歩、話をする
○仲良く助け合う
○顔見知りを増やす
・パントリーに行く
いつまでも住み続ける
地域づくり！

図2　いつまでも住み続ける地域づくり

ること」を実行するためには、どのような方法があるのか、子どもたちと検討をおこなっていった。

(3) 郷内地区子ども民生委員の誕生

検討の末、子どもたちから出された結論は「自分たちも民生委員になって地域のために活動したい」というものであった。このことは、筆者を含め、その場にいた民生委員、教職員を大変驚かせた。

「郷内学」を通じた民生委員との交流は、子どもたちの選択肢を広げ、「地域の担い手になって活動したい」という思いを育て「子ども民生委員」の発案につながったと言える。

そして、山田氏は「この子どもたちの思いを大切にしたい」と、小学校、地区社協、市社会福祉協議会と連携し、倉敷市では初となる子ども民生委員制度の創設に向け奔走した。この山田氏の行動は、郷内地区の地域福祉を担う、様々な地域団体の心を捉え、一つ、また一つと協力団体が増えていった。

(4) 着々と進む郷内地区子ども民生委員創設の準備

山田氏は、子どもたちの思いを形にした「子ども民生委員信条」を子どもたちと共に作成した。

また、郷内地区社協と郷内小学校が連携し、子ども民生委員の委嘱状作成に取り組んだ。

「子ども民生委員信条」

一 私たちは地域のために自分たちにできることに取り組みます

一 私たちは気づき行動することを大切にします

一 私たちは地域の方に積極的に関わり顔見知りを増やし助け合える地域を作っていきます

子ども民生委員バッジ

この「子ども民生委員信条」は、委嘱式で誓いの言葉として唱和し、活動の目標として大切にしている。

そして「地域はたくさんのカラーをもった人たちで成り立っている」という子どもたちの思いから、カラフルな虹をイメージしたデザインの「郷内地区子ども民生委員バッジ」も完成した。

そして、令和4(2022)年11月15日、郷内小学校にて「郷内地区子ども民生委員委嘱式」が開催され、その年の小学4年生59名が郷内地区子ども民生委員として任命された。委嘱状は郷内地区社協の会長から手渡され、また会場には、山田氏をはじめ、民生委員・児童委員、郷内中学校校長、郷内公民館長等、郷内地区の地域福祉を担う多くの団体が駆け付け、「郷内地区子ども民生委員」の誕生を祝福した。

(5) 郷内地区子ども民生委員の活動

子ども民生委員に委嘱された子どもたちは、早速活動を開始した。民生委員と共に一人暮らしの高齢者宅への訪問活動や、登校時のあいさつ運動を行った。また、子ども食堂への参加等、今まで地域の大人だけで担ってきた活動にも、参画が始まった。

一人暮らしの高齢者宅の訪問活動に同行した民生委員は「子ども民生委員と訪問すると、高齢者はとても生き生きとされていた。いつもなら〝見守り〟を受ける立場になりやすい高齢者が、子どもたちを前にすると、積極的に関わりたいという気持ちで溢れていることがよくわかった。まるで〝見守られる〟〝見守る〟という立場を超え、お互いが見守り合っているような…」と話されていた。

また、地域で開催するイベントの参加者にも変化があらわれた。令和5(2023)年11月に開催した多世代防災イベント「学防災《まなぼうさい》 in Let's郷内」では、子ども民生委員が自分たちの保護者に対し、イベントの周知、声掛けをおこなったことで、多世代の参加につながった。筆者が驚いたのは、子どもたちは誰かに頼まれて行動したのではなく、すべて自発的に動いたということだ。地域のつながりの大切さを学び、子ども民生委員になった子どもたちは、自然な声掛けができる担い手として、地域の大きな発信力となっている。

(6) 持続可能な活動を目指して

「郷内地区子ども民生委員」の活動は、任命されてから小学校を卒業するまで続く。令和4年度(第1期)に任命された子ども民生委員は、次の学年(新年度に4年生になる児童)にも、子ども民生委員の活動を引き継いでもらおうと、「下級生への活動報告会」をおこなっている。パソコンや紙芝居を活用し、各々が作成したプレゼンテーション資料をもとに「子ども民生委員の楽しさ」や「地域の人と関わる良さ」について発表した。先輩の子ども民生委員の話を聞いた下級生からは、「自分たちも子ども民生委員になりたい」との声が多く寄せられた。

発表を聞いた下級生の感想を一部紹介する。

- 最初、ぼくは、あいさつ運動を何でしているんだろうと思っていたが、顔見知りになり、つながりの始まりは、あいさつだと分かった。続けようと思った。
- 気づいたら、見て見ぬふりをしないで、行動したり、大人に知らせようと思った。

・地域の人とつながり合うことで、支え合う街つくりができることが分かった。
・わたしたちは、いろいろな人に支えられていることが分かった。つながりを大切にしたい。
・知らないと声をかけにくいけど、挨拶などをして、つながりを持って、顔みしりになれば、声をかけやすい。
・イベントに参加すると顔見みしりがふえるので、積極的に参加したい。

次の年、この「下級生への活動報告会」に参加した新4年生全員が、第2期の「郷内地区子ども民生委員」の委嘱を受け、先輩の思いを引継ぎ共に活動をおこなっている。

(7) 「子ども民生委員の活動を振り返ることで見えた、子どもたちが地域活動に参加することの役割と効果について」

子ども民生委員の活動を通じた、主な子どもたちの変化は次のようなことがあげられる。
①運動場の草むしりを進んでする姿が見られはじめた。
②顔見知りを増やすために、近所の方（お年寄りなど）に進んで挨拶するようになった。
③下級生のお手本になる行動をとろうと、挨拶を率先して頑張る姿が見られた。
④子ども民生委員バッジをつけるようになってから、友達同士で注意し合うときも「子ども民生委員なんだから」、「子ども民生委員は、○○しないと」など、自覚を促すような声掛けを子ども同士で行う姿を見るようになった。

このように、「郷内地区子ども民生委員」の活動は、地域の若い担い手が増えただけでなく、子どもたち自身が地域づくりの「当事者」として、自分たちの力で学校や地域を創り上げていくんだという、自覚と思いやりの促進にもつながった。

また、活動に関わった大人も子どもたちからたくさんの気づきをもらうことができた。例えば、道にゴミが落ちていたとしても、「自分がやらなければと思って拾う」大人はどれくらいの割合でいるだろうか。子どもたちはそのような地域にあるちょっとした気づき一つひとつに対し、決して見て見ぬふりをせず、積極的に提案し、行動に移している。「普段大切だと思っていても、大人が行動することを諦めてしまっていることはたくさんある」ということに気づかされた。

これまでは地域の中で、子どもたちの意見を聞く機会は決して多くはなかった。しかし、郷内地区のように、地域住民と学校とが連携することで、子どもたちの意見を聞き、地域づくりに発展させていくことは、地域共生社会の実現や持続可能な地域を作っていくうえでは、とても重要なことであると感じている。なぜならば、子ども民生委員バッジに込められた思いのとおり、「地域はたくさんのカラーをもった人たちで成り立っている」のだから。

高大連携事業

これからの高校福祉科と高大連携

留学生との交流から

原　慶介

小中学校や高校における福祉的な支援の重要性が日に日に認識されてきていると感じる。しかし、私の経験から言えば福祉を専門とする高校福祉科の教員をその支援の担当者として活用しようという話にはなっていない。なぜなのか。

● **profile**
はら・けいすけ
佐賀県立神埼清明高等学校教員

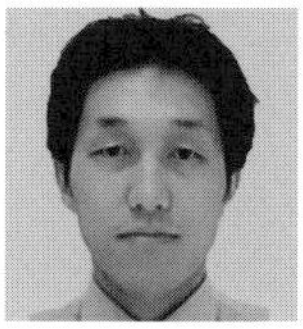

1　はじめに

高校の福祉科は教科「介護」ではなく教科「福祉」である。もちろん「介護」は重要である。しかし、それだけではない。

福祉系高校は、福祉に関心のある生徒と福祉の専門家でもある高校福祉科教員の両方が所属する貴重な社会資源でもある。なかでも高校福祉科教員は、学校のソーシャルワーカーでありケアワーカーだ。ソーシャルワーカーとして地域と学校をつなぎ、ネットワークを構築し、学校だけではない多様な福祉の学びの機会を提供する可能性を持っている。また、高校福祉科教員が福祉専門職として地域社会と連動し、地域福祉の推進を実践することは、間近で過ごす生徒にとって、福祉社会を目指して主体的・協働的に取り組むよい手本となるだろう。

これからの人口減少社会では、地元の生徒が通う福祉系高校が地域の福祉を支える核となるのではないか。特に介護人材の確保に関していえば、行政や業界の高校福祉科への関心は高い。ところが、多くの志願者がいた高校福祉科も現在は生徒募集が苦しい状況にある。高校福祉科は、介護福祉士国家試験受験資格とともに成長してきた。地域と高校福祉科にとって、介護福祉士国家試験受験資格は極めて重要だ。一方で、介護福祉士をはじめとする多くの資格取得が介護系であるため、一般的に高校で学ぶ福祉とは介護であるという意識も強くある。福祉を志す生徒が減っている現実をどうとらえるか。福祉社会を構築するために、高校福祉科に課せられた使命は重い。

2　神埼清明高校とは

当校は平成8年に農業高校が改編されて誕生した県内初の総合学科高校である。1年次から福祉科目の群である生活福祉系列を選択すると、3年次で介護福祉士国家試験受験資格が取得できる。福祉についてなんでも丸ごと勉強したい！という生徒の気持ちに答えることができるよう取得資格の幅を広げ、課外授業や外部での受講も含めて、同行援護従業者養成研修一般課程や子育て支援員研修、盲ろう者通訳・介助員研修、認知症キャラバンメイトなど資格取得の幅を広げた。令和6年度は、3年生15名、2年生19名、1年生39名が生活福祉系列で学ぶことを選択した。

3　高校福祉科教育における高大連携の重要性

高大連携には様々な形があると思うが、いわゆる生徒と学生が出会う場としての高大連携は、高校生が大学生や大学教員、施設設備などと出会い、同じ福祉を志す仲間との出会いを喜ぶところから始まる。「出会いと経験」を掲げる当校の福祉科にとって、福祉を学ぶ高校生が大学で福祉の知識を学び、大学での多様な福祉活動実践に触れることは、様々な福祉の現場が直面する課題に対する視野を広げ、理解を深めるための重要な機会である。私は神埼清明の福祉のよさは「出会いと経験」ができることと考えている。そのため、生徒が大学の講義内容を知ることで、広い社会福祉のフィールドを感じ取ることができることはとてもありがたい。

高校では、科目「社会福祉基礎」で社会福祉全体の学習が行われるが、大学ではより専門的で、広範な研究がなされている。大学と連携することで、生徒たちは自分たちと近い年齢の大学生が、自分の知らない福祉分野について研究や活動実践していることを知ることができ、探究的な学習のテーマ設定にもつながる。

先ほど述べたように、高大連携には、生徒が同年代の福祉を学ぶ者同士による出会いがある。福祉系高校は数が少なく、福祉を学ぶ者、特に若い世代同士で出会う機会は多くない。幅広い福祉分野のうち、どの分野に関心を持っているのかもそれぞれで、同じ分野に関心がある者同士が出会うことはさらに少ない（残念ながら、高校福祉科の先生になりたいと思う大学生や生徒同士が出会うことも少なくなった）。

福祉実践に熱心な大学生との出会いは、その福祉分野を志す高校生にとっては力強い後押しとなる。高大連携では、そのような大学生とのグループワークによる問題解決の経験を積むことができる。大学生との対話や協働の経験を通じて、生徒たちは福祉の理論を実際の問題解決に生かすことの重要性を実感する。大学生側から見ても高校生介護技術コンテストなどは刺激になるようだ。

4　西九州大学短期大学部との交流

(1) 交流を計画した理由

当校の生徒は、進学して社会福祉士や理学療法士、保育士などを目指す者も多い。福祉や医療分野に限らずともこれから外国人とともに働く機会があるはずだ。生徒が高校時代に交流を楽しみ、相互を理解してにこやかに暮らせる社会を作り上げていくために、この取組を企画し、西九州大学短期大学部の先生に交流を打診した。

(2) 実施に至るまで

西九州大学社会福祉学科の留学生を対象に、当校福祉科の教員が介護福祉士国家試験対策講座を開くなど、以前から様々な高大連携を実施している。

同様に、当校では地域公開講座として、県内の施設職員向けにも介護福祉士国家試験受験対策講座を開催しており、西九州大学社会福祉学科の留学生の参加もしている。私たち高校教員にとって、大学生や留学生に国家試験対策を行うのは興味深かった。日頃は高校生を対象に同じ国家試験対策の授業をしているものの、問題解答の手がかりはもちろん、伝え方に工夫が必要だったからだ。事前に十分な準備をして望んだが、受講生から「わからない」との指摘を受け、さらなる教科指導の研鑽が必要だと痛感した。この連携は、自らの授業スタイルを見直すよいきっかけになった。

西九州大学短期大学部との交流

場所：西九州大学短期大学部

第１回	令和３年10月22日	高校生21名	留学生21名
第２回	令和４年11月11日	高校生21名	留学生23名
第３回	令和５年12月８日	高校生19名	留学生20名

通常の授業に加えて大学生や留学生への授業の準備を行うといった新規事業は、いわゆる「負担が増える」である。しかし、同僚の高校福祉科教員からは実施に反対がなく、むしろ、ぜひやりたいとの声があった。大学との交流以前から行っていた、県内の施設職員向けの地域公開講座でも高校生ではない介護職の社会人を対象とした授業をしており、同じように事前準備したことが、教員としてのスキルを伸ばしたことも賛成意見につながったのではないかと思う。

介護職の社会人や大学生、留学生を対象とした授業は、高校福祉科教員が教科指導の研究と現場の実際の両方を経験することを可能にし、高校福祉分野での教員のキャリア形成にもなった。このように、高大連携を通じて、高校福祉科教員は自分たちが地域社会にどのように役立つのかを実践的に協働することができる。この基盤が今回の交流会でも企画を支え、福祉科教員一体となってスムーズな実施にこぎつけた。

(3) 交流するための準備

佐賀県の福祉系高校（介護福祉士養成校）の教員と県内の大学短大の教員は、非公式だが定期的な会合の機会を持っていた。お互いの現状などを気楽に集まり話す機会だ。このような顔の見える関係であることが、様々な事業を立案するにあたって電話1本で調整できる環境となり役立っている。

(4) 交流の内容

プログラムは、①あいさつ、②学校紹介、③留学生による母国紹介、④高校生によるレクリエーション、⑤英語による衣服の着脱介助演習交流、⑥コミュニケーションタイム、⑦留学生のパフォーマンス、⑧おわりの言葉、⑨記念写真撮影。

学校紹介では、お互いの生徒数や学科構成、部活動などの特色を紹介し合った。留学生は日本の高等学校に関心があり、どのような教育内容になっているのか興味深く聞いていた。その中でも同じ介護に関する教科や実習などの活動発表は、特に注目している様子だった。

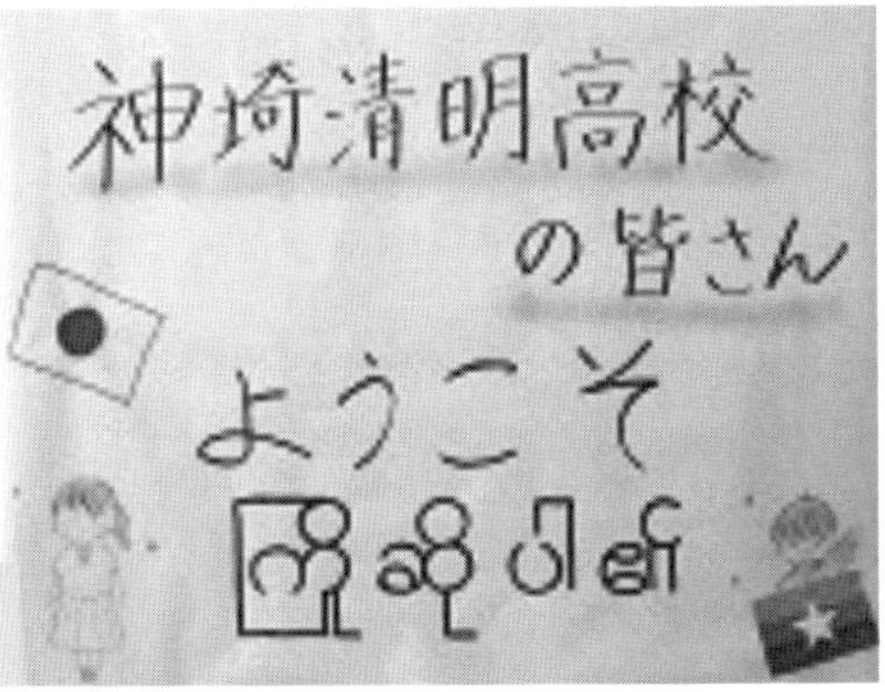

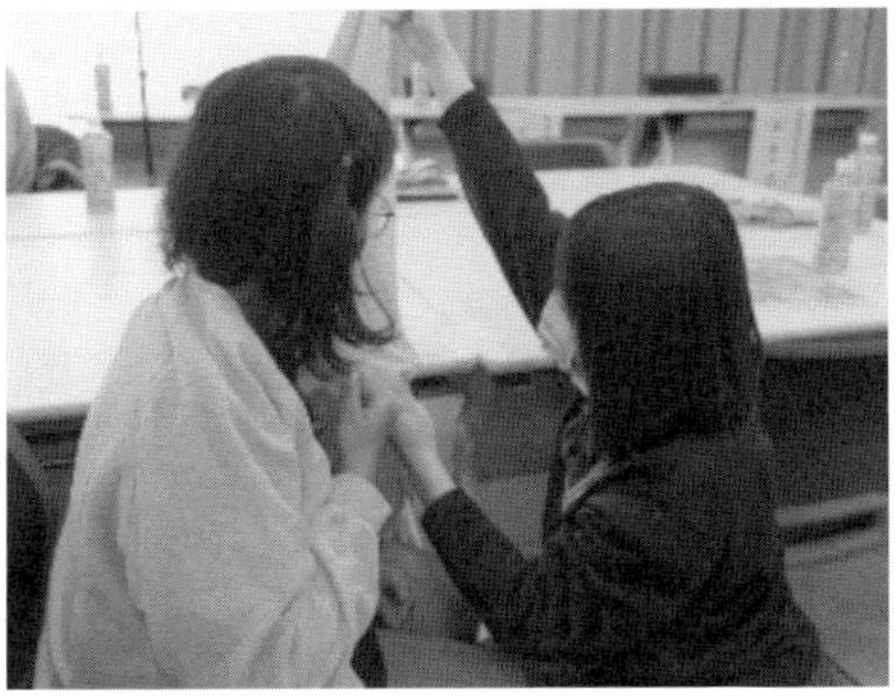

(5) 交流の成果

準備は生徒が交流会のプログラムを考えるところから始まった。生徒たちはグループワークで「共に楽しむには」といった答えのない問に挑戦する。交流会は生徒の主体的活動を作り出す仕組みとなり、生徒間のリーダーシップやコミュニケーション能力を養う価値ある機会となった。

外国人留学生との交流による西九州大学短期大学部との高大連携を通じた成果を整理すると以下のようになる。

①大学で福祉を学ぶ意欲の向上

生徒によっては、はじめて大学を訪問することになる。福祉系大学を直接見て触れることで、高校生が大学進学に向けた意欲の向上につながる。

②国際交流に対する理解の深まり

留学生と高校生が一緒に活動する機会を設けたことにより、理論と現場のギャップを埋めることができ、生徒の理解が深まった。

③キャリア教育の強化

留学生は、この先どのように生きたいか、何を学ぶかについてしっかりとした意見をもっている。真剣に学び、将来を考えている留学生の言葉は、生徒にとってピリ辛だ。交流会は福祉分野でのキャリアパスを具体的にイメージするきっかけになると同時に、自己のキャリア形成に向けた具体的なビジョンを持つ機会になっている。

笑顔が絶えない交流会となった。生徒と留学生の距離が近まり、関係性は深まったと感じている。生徒の感想も「留学生の皆さんがとても明るくて、すべてが楽しくて嬉しくなった」「コミュニケーションが不安だったけど、なにも問題なかった」「3か国語も話せてすごいと思った」というものだった。

交流会という形態の高大連携を通じて、自分たちの学びが地域社会にどのように役立つのか、その一つの姿を具体的に理解することができた。

(6) 交流の反省

高校側からみると、カリキュラムの整合性や情報共有の不足、リソースの不足など、さまざまな課題もある。

①カリキュラムの整合性

高校と大学のカリキュラムが異なる。実施に先立ち、高校としてどの科目で取り組むのかについても検討が必要である。また、事前の学習状況によっては、生徒が留学生と円滑に交流できないことも考えられる。交流がよりなめらかに実施できるよう高校と大学間で教育内容や教育方法を共有し、一貫性のあるカリキュラムを共同で開発したい。

②情報共有の不足

高校と大学間での情報共有が十分に行われていない場合、取組の一貫性を欠くことになりかねない。お互いが気兼ねなく十分なコミュニケーションをとれる環境が必要だ。高校と大学間での定期的なミーティングを設けるなど、教職員同士の交流の場を設けることも有効ではないか。

③リソースの不足

高大連携の取組には人的、時間的、財政的なリソースが欠かせない。これらのリソースが不足している場合、連携の取組が十分に進められない場合もある。特に、時間の確保と移動手段は毎年頭を悩ませている。これらの課題を克服するためには、高校と大学が互いに協力し合い、それぞれの内部で合意形成を図りながら、担当者任せではなく内も外もみな共同で取り組まなければならない。しかし、予算や人員の確保は簡単にできるものではない。そのため、既存のリソースを効率的に活用することも考えなければならない。

それぞれの地域で事情は違う。高大連携の質を高めるためのこれといった決め手はないだろう。他県の取組を参考にしながら、これからも生徒たちの学びの場をより充実させる方策を模索したい。

⑺　今後の交流会と高大連携への期待

令和6年度からは、他の高校が訪問して交流会を続け、当校の交流は、留学生や大学生を高校に招く形に変更する予定である。そして、交流では大学生が自身の研究について高校生に伝えるといった内容がメインになるようにしたい。バイトやサークル活動といった楽しい学生生活を話すだけではなく、魅力的な社会福祉の研究、ボランティアや実習について実践とともに伝えることで高校生の福祉に対する関心も高まるだろう。

個人的には大学との連携はもちろん、職能団体や業界とのつながりを強化しなければならないと考えている。

この他の高大連携については次の2点を期待したい。

①高校福祉科教員が国の審議会委員等へ参画する。

②高校生だけではなく、幅広い若者が介護技術コンテストへ参加する。

5　その他の高大連携：福祉系大学受験セミナー

佐賀県では、県内の普通科高校の生徒を対象に、高校福祉科教員が進路や受験のアドバイスをする福祉系大学受験セミナーを開催している。普通科高校の生徒にも福祉系大学を志望する生徒はいるが、福祉系高校の生徒と違い、福祉科の教員が身近にいない。そのため、福祉の仕事や資格について知る機会が少なく、進路の相談相手に困っているということからこのセミナーを始めた。普通科の高校生たちは目を輝かせながら一生懸命にメモを取り、熱心に話を聞いてくれる。

令和5年度は、大学教授を招聘し、ソーシャルワーカーの専門性や大学での福祉の研究について講演いただいた。生徒たちの感想では、「まわりに社会福祉希望者がおらず、相談する人がいなかったので嬉しかった」「もっと社会福祉について知りたくなった」「来年度も実施してほしい」という声が聞かれた。

6　おわりに

厳しい入学者数が続く福祉系の高校・大学。介護人材の不足がいわれて久しいが、今はすべての産業で若手人材の取り合いがおきている。そのような中で、高大連携は福祉人材確保にとって切り札ではないだろうか。高校・大学、生徒・教員がひとつとなって福祉社会推進のために動くこと。高校の生徒と教員が様々な分野の福祉に出会い、実践するために高大連携は重要な役割を果たすだろう。

高校福祉科はどうあるべきか、これからも多岐にわたって取組を模索し、批判や失敗を恐れず、柔軟に対応・改善に努めて前に進んでいきたい。

ふくし原論

ミクロの課題からメゾの取り組みとして創出される「ふくし」

野尻紀恵

● profile
のじり・きえ
日本福祉大学学長補佐。博士（社会福祉学）
日本福祉教育・ボランティア学習学会会長、
日本学校ソーシャルワーク学会理事、あいち
スクールソーシャルワーク実践研究会顧問

子ども・若者の様々な課題が深刻化しているなかで、「福祉と教育の接近性」について吟味することにより、新たな「福祉と教育のプラットフォーム」の可視化を考える。

はじめに

前回（37号）では、カントの言葉「ヒトは教育によって人間となる」から、現代社会における教育のあり方を問い直す必要があるのではないかと考えた。その問い直しのプロセスの中から、今、なぜ「福祉教育・ボランティア学習」を推進するのか、について論考した。

今回は、子ども・若者の課題（例えば、虐待・いじめ・不登校・経済格差・ヤングケアラーなど）が深刻化する現代社会において、「福祉と教育の接近性」の中身を吟味することにより、社会変革のための新たな「福祉と教育のプラットフォーム」の可視化について述べてみる。

1 現代社会の危機

日本福祉教育・ボランティア学習学会の年報Vol.3（1998）のテーマは「現代社会の危機と福祉教育」であった。その基調論文では、「私たちも人間生活を単純にみるようになったことが問題なのである。私たちがつくっていかなければならない、努力していかなければならない多くの領域を見逃してきたのではないかということである。そのひとつが、人間関係をいかに豊かにするかということである。」（野田：1998：10頁）と指摘されている。そして7点、つまり「生き延びる術としての感情の麻痺」「戦後日本における感情の希薄化」「自我に対する認識の幼稚化」「摩擦を回

避する世代」「傷つくことを恐れる風潮」「適応することに長けた子どもたち」「客観化（大人化）と幼稚化」について現代社会の危機の状況を述べている。

さらに、このような状況を生みだした要因として、都市化、情報化、大衆消費社会、極端な経済主義、学歴社会というキーワードを紹介し、「新しい社会の中で相互の人間関係を豊かにするには努力が必要であることを忘れてしまっている」（野田：1998：23頁）と示した。では、現状を打開するにはどうすればよいのか。野田（1998：24頁）は、「人が生きていく喜びを得るためには、『自分がこの社会にどのように関与しているのか』ということがわかるようなエピソードを大切にしていくことが必要である」と論じている。

この論文から26年を経た現在、状況はあまり変わらないどころか、さらに拍車がかかっているといっても過言ではない。ふくしの実現は「人が生きていく喜びを得る」ということである。そのためには、「自分がこの社会にどのように関与しているのか」ということがわかるようなエピソードを大切にするということなのだと、改めて認識した。

2　21世紀「ネットワーキング型ヨコ社会」

日本福祉教育・ボランティア学習学会の年報Vol．10（2005）のテーマは「実践と研究の未来　日本福祉教育・ボランティア学習学会10周年記念」であった。本年報には、本学会の10周年記念学術大会「かながわ大会」の総括講演より「学会の新たなる10年にむけて」が収録されている。ここで大橋（2005：66頁）は、中根千枝先生の日本の社会構造を特色づけた「場」の分析を紹介している。「長いものには巻かれろ」「出る杭は打たれる」というような枠組みがきちっとしていて、その枠の中では安泰だが、その枠を破ろうとすると非常に大きな仕打ちをうける。その枠組み、場というものが非常に強固にあり、組織的に仕事をする。その結果、子育てや学校教育の中で、子どもたちや若者たちに対して「～してはいけない」「～しなさい」という、禁止と命令で子どもや若者をタガにはめていくのだという。

大橋（2005：67頁）は、「日本の社会の場合には『タテ社会』という構造が非常に強固にあるために、その一人ひとりの主体性というもの、あるいは個人の尊厳というものが、十分に自覚できないままに枠の中で生きるということを要求される」と述べ、このことが「世間体文化のなかでわれわれは生きてしまうということになる」に繋がると指摘している。20世紀はこの「タテ社会」が有効に働いたため、日本は経済的な発展を遂げてきたと言える。

しかし、大橋（2005：67頁）は、「21世紀は、この『タテ社会』では通用しない」「一人ひとりが主体性を持ってネットワーキング型の『ヨコ社会』にならなければいけないという時代になってきている」と指摘し、産業界からの「国際化時代において、日本の従来のような、タテ社会を中心にした産業構造ではやっていかれない」という問題提起を示している。

日本福祉教育・ボランティア学習学会は今年で30周年を迎える。つまり、10周年記念大会における大橋の総括講演から20年を経た。ここで述べられているような「ネットワーキング型ヨコ社会」は、到来しているだろうか。

経済産業界にあっては、国際化の深化によるところもあり、「タテ社会」は崩れつつあるものの、まだ毅然として残ってはいる。また地域コミュニティのなかにもまだまだ「タテ社会」は存在している。21世紀になり24年経た今にいたっても、日本社会の構造は緩やかな変化しかもたらされていないように思う。学校教育現場はなおさらである。学校教育現場の「タテ社会」は、なかなか多職種との連携や地域との連携も進みにくいという構造をもたらしている。ということは、日本の学校教育の中で育つ子どもが若者になり大人になるプロセスを経ても、学校教育の中に存在した「タテ社会」の場の経験が根底に置かれてしまう恐れがある。つまり、これからの「ネットワーク型ヨコ社会」を形成する主体者が育たない。市民の主体性がもたらされないということになる。

大橋（2005：67頁）は、「今までは、枠組み『場』の中でわれわれは仕事をしていた。」「今後は枠自体を自分たちでつくっていく『企画力』というものが、大変要求されるのだということ、さらに「そこで働く一人ひとりの機能と資格というものが大変重要になってくるのではないか」ということを示唆している。

それであるならば、本学会の「福祉教育・ボランティア学習」～「教育」と「学習」という言葉～を学会名としていることの責務と意義は計り知れず大きい。例えばボランティア活動をするというだけではなく、そこで「どのように学び」「どのような人間を育み」「どのような社会をつくっていくのかという「学び」の持つ意味の深さなのである。「学習」という機能があってこそ、一人ひとりが主体的に生きるということができるように育まれるのであり、まだまだ歴然と存在する「タテ社会」から「ネットワーク型ヨコ社会」に社会変革することを可能にする。

3 他者との共生

日本福祉教育・ボランティア学習学会の20周年記念の『福祉教育・ボランティア学習の新機軸』（2014）では、上野谷が「私たちの研究・実践のプロセスや成果が人間、一人ひとりにどのような幸いをもたらしているのか、また地域や社会、および家族や企業にたいして幸いをもたらすように変革を促してきたのかを確かめ合うこと」が求められていると示唆した（上野谷：2014：3頁）。さらに上野谷（2014：4頁）は、「今日の教育、福祉、保健、医療など、あらゆるヒューマンサービスにかかわる領域で生じている課題への接近は、人権、尊厳、自由、博愛、ボランタリズム、共生などの私たちが大切にしてきた理念をかかげ、変革的志向でもって対峙しなければならない場面」が多くあり、批判的創造性を忘れてはならないと述べている。

福祉教育・ボランティア学習の「・《ナカグロ》」は、固有名詞として福祉教育・ボランティア学習を用いることによって、まさに当事者に近づこうとする意志を表し、学習者と学習支援者、生徒と教育者を管理的抑圧から解放し、双方で学びの循環を創造していこうとする運動として行う覚悟と努力、内省を研究者・実践者に求めようとする意志が込められている（上野谷：2014：5頁）。

以上から考えられることは、当事者に近づこうとする「ふくし」から、「場」の枠組みを変革していく「ふくし」の取り組みに繋がるところに、「福祉と教育の接近性」の中身がある、ということである。

4 ミクロの課題からメゾの取り組みとして創出される「ふくし」

上野谷（2014：5頁）は、次のように述べている。

「私たちが創造しようとしている『他者との共生』は、抽象的なことではなく、個別、具体的に、私たちが責任をもち自覚することから始まるもの」である。当事者つまりミクロに近づき、または私たち自身が当事者であることに気づくこと。当事者であるミクロの課題に個別・具体的に取り組むこと。それによって、「場」つまり「メゾ」の変容をもたらすことになれば、それがミクロと往還する。問題は、そこにどのような「学び」があり、「自分がこの社会にどのように関与しているのか」ということがわかるようなエピソードがあり、人間関係を豊かにするという実感をいかに生むのかということであろう。

(1) 実践事例：子ども食堂の取り組み

学生主体で実施している子ども食堂「ふぁみりー基地」は、古民家でおこなわれている。この古民家は、特定非営利活動法人チャレンジドの事務所である。「ふぁみりー基地」はチャレンジドの協力を得て、隔週木曜日の夜と、最終土曜日の昼に開催することができている。チャレンジドは、地域で生活する障がい者の支援を行っている特定非営利活動法人である。チャレンジドがこの土地で活動を始めてから既に20年以上になるのであるが、あまり地域には知られていない。もっと地域との交流を図りたい、地域の方々の居場所になってほしい、利用者が地域の人と交流できる場にしたい。親なき後にもこの地域で生活できるようにしていきたい。そんな切実な思いを、チャレンジドの職員そして、利用者の保護者の皆さんは強く持っていることが、一緒に活動するように

なって理解できた。

令和5年12月に「ふぁみりー基地」でクリスマス会を開催した時の写真を観ていただきたい。

この写真の中には、いつも来てくれている子どもとその家族、学生、教員、チャレンジドの職員、そしてチャレンジドの利用者（知的障がい者等々）も写っている。実は、学生も、壮絶な児童虐待を体験した者、ヤングケアラー、いじめられた経験のある者、不登校経験者、LGBTQ+当事者かもしれないと悩んでいる者、疾患を抱えている者など、多様な背景を持っている。

まさに、ごちゃ混ぜの空間。枠組みが取り払われた「場」で共に調理し、共にクリスマスカードを作り、共にビンゴを楽しみ。共に食事をして「おいしいね」と語り合っていた。

共に時間を過ごすという意図的に創り出した空間の中で、意図的ではなかった多くのエピソードが展開されていた。

(2) そこで生じたエピソード

数あるエピソードの中で、次の3つを紹介する。

① 反復動作を行うチャレンジド利用者さんが、コールスローサラダの大量キャベツの塩もみを続けていた。とてもしんなりとした柔らかみのあるキャベツに仕上がった。

反復動作が活躍したね！と学生が大喜びしていた。

② 小学生とチャレンジド利用者が同じテーブルでクリスマスカードを作っていた。お互いにニコニコと笑い合いながら、折り紙や飾りを譲り合っていた。出来上がったカードをお互

いに褒め合いしていた。

③ 学生がビンゴをしている間、子ども食堂に参加していた小学生のお母さんが食器洗い等を行っていた。味付けも手伝ってくださったそうだ。

さて、このエピソードは、野田（１９９８：24頁）が言う「人が生きていく喜びを得るためには、『自分がこの社会にどのように関与しているのか』ということがわかるようなエピソードを大切にしていくことが必要である」の実践であると言えるのではないだろうか。一方、この貴重なエピソードが、子どもたちやその家族、学生等々の中に、「楽しかった体験」としてのみ落とし込まれてしまいがちである。

このように様々な交流体験を地域や学校で実践している学校、社会福祉協議会やその他団体は全国で多数あると思われる。体験自体が素晴らしいもの、素敵なエピソードが観察され、写真にもそのシーンが残る。「楽しかった」「もっと交流したい」という感想もたくさんもらえる。それをもって、今日的な、学校生活や地域活動の中に意図しない福祉教育・ボランティア学習が存在する。そのような取り組みが「学習」そのものなのである、と論じる傾向もみられる。

しかし、これをもって福祉教育・ボランティア学習といえるだろうか。逆に、このことが福祉教育・ボランティア学習にとっての弱みであるのではないか。私たちは、そこに生じる様々なエピソードの「良さ」にのみ感動したり、ほくそ笑んだり、満足しているばかり、というわけにはいかない。そのエピソードに含まれる「学び」を言語化したり、気づきとして参加者に伝えることを努力しなければならない。

5 コモン・マン（common man）

アメリカを代表する哲学者であり教育学者の一人であるジョン・デューイは、「教育とは何かを問い、人びとがともに生きる民主主義／デモクラシーについて考え続け、実践した思想家」（上野：２０２２：ⅰ頁）である。

デューイが構想したコモン・マン（つまり一般の人のための哲学）の思想にヒントを得ながら、社会や地域、子ども・若者の様々な課題へと接近し、それらの課題との対話を通して学ぶ「ふくし」の場、それが新たな「福祉と教育のプラットフォーム」の可視化となる。

引用文献

野田正彰（１９９８）「現代社会と教育の危機」『福祉教育・ボランティア学習研究年報Ｖｏｌ．3』東洋堂企画出版社
大橋謙策（２００５）「実践と研究の未来　日本福祉教育・ボランティア学習学会10周年記念」『日本福祉教育・ボランティア学習学会Ｖｏｌ．10』万葉舎
上野谷加代子（２０１４）「刊行にあたって」『日本福祉教育・ボランティア学習学会Ｒｅａｄｉｎｇｓ福祉教育・ボランティア学習の新機軸　学際性と変革性』大学図書出版
上野正道（２０２２）『ジョン・デューイ―民主主義と教育の哲学』岩波新書

ふくし最前線

日本語教室における外国ルーツの子どもたちの居場所づくりと必要な支援について

伊東浄江

● **profile**
いとう・きよえ
日本語ボランティアを始めたことをきっかけに、外国ルーツの子どもには日本語だけではなくメンタルサポート等、様々な配慮や関わりが必要なことを知る。教育委員会の日本語巡回指導員を経て、2013年にＮＰＯ法人トルシーダ設立。

１　概要

日本に住む外国人数が増加している。受け入れる学校や地域では、在留外国人の多国籍化、多様化に伴い、新たな課題も生まれている。本稿では、筆者が代表を努めるＮＰＯ法人トルシーダが実施する外国ルーツの子どもたち（国籍に関わりなく、両親またはどちらか一方が外国出身者である子ども）の支援を通して見えてきた課題と必要なネットワークについて述べることとする。

２　人手不足を補うために受け入れられてきた外国人

地域に住む外国人受け入れのきっかけは、バブル景気による人手不足と安価な労働力の需要の高まりを受け、１９９０年の出入国難民認定法が改正され「定住者」の在留資格が創設されたことによる。これにより、日系3世までに就労可能な地位が与えられ、ブラジル、ペルー等南米からの来日が増加した。その後も技能実習生の受け入れや介護や建設など、特定分野での受け入れをする「特定技能」の創出等、日本の少子高齢化と人手不足を補うために、外国人の受け入れは増加してきた。コロナ渦で一時的に減少したが、令和５年には、過去最高の人数に達している（**図1**）。国籍別在留外国人数では、中国、ベトナム、韓国、フィリピン、ブラジルが上位5か国である。

令和5年6月末の在留外国人数は3２２万3８５８人（前年末比14万8６４５人、４・８％増加）で、過去最高を更新した。

3　外国人の子どもの就学

日本において、外国人の保護者に就学義務はない。公立の義務教育諸学校へ就学を希望する場合には、国際人権規約等も踏まえ、その子を日本人児童生徒と同様に無償で受け入れているという恩恵的な扱いに留まっている。

転居や学校教育法に掲げられている一条校の学校として認められていない外国人学校への就学もあり、正確な数はつかみにくいが、令和3年の文科省の調査によれば、学齢相当の外国人の子どもの人数（住民基本台帳上の人数）は13万3310人で、その内、不就学の可能性があると考えられる外国人の子供は1万3240人であった。約1割に当る子どもが、実態が見えない存在になっている。

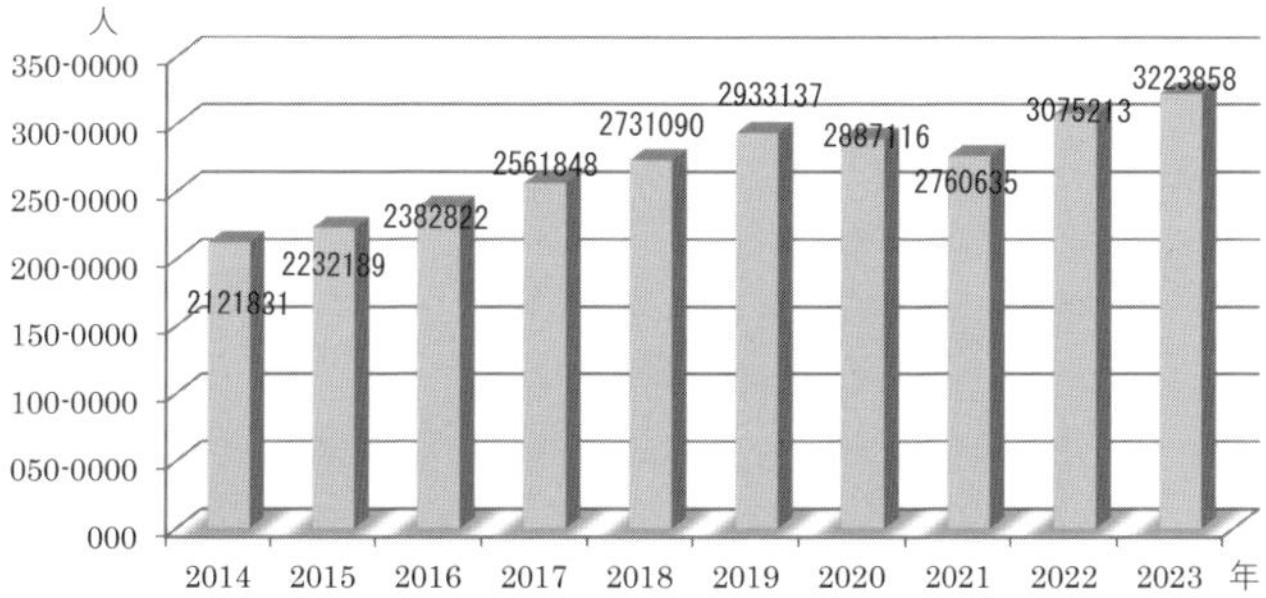

図１　在留外国人数の推移

出入国管理庁HPデーターより作図
https://www.moj.go.jp/isa/publications/press/13_00036.html

表１　日本語指導が必要な児童生徒の公立学校における在籍状況
（令和３年度）

学校	小学校	中学校	高等学校	義務教育学校	中等教育学校	特別支援学校	合計
外国籍（人）	31,189	11,280	4,292	339	66	453	47,619
日本国籍（人）	7,550	2,376	516	77	86	83	10,688
合計（人）	38,739	13,656	4,808	416	152	536	58,307

日本語指導が必要な児童生徒の受入状況等に関する調査結果について(mext.go.jp)より

4　日本語指導が必要な児童生徒の受け入れ状況等による調査より

令和3年の文科省の「日本語指導が必要な児童生徒の受け入れ状況調査」によると、4万7619人の外国籍、及び1万688人の日本国籍の日本語指導が必要な児童生徒が在籍している。具体的な人数は**表1**のとおりである。

留意点

「日本語指導が必要な児童生徒」とは、日本語で日常会話が十分にできない児童生徒、もしくは、日常会話ができても学年相当の学習言語が不足し、学習活動への参加に支障が生じている児童生徒を指す。本調査における「外国籍」の児童生徒とは、地方公共団体が所管する学校に在籍している外国籍を持つ児童生徒を指す。日本国籍との二重国籍者は「日本国籍」として扱う。

日本語指導が必要な外国籍児童生徒の言語別在籍状況では、ポルトガル語を母語とするものが全体の約4分の1を占める。

日本語初期指導教室の様子
ひらがなの導入、清音、長音，拍の感覚練習

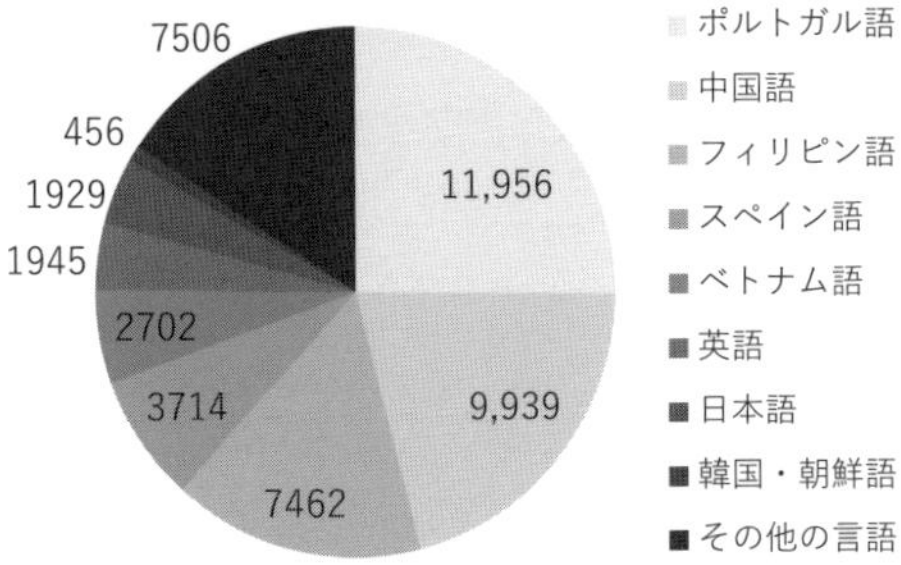

図２　日本語指導が必要な外国籍児童生徒の言語別在籍状況　（令和３年度）

5　児童生徒への日本語指導の課題

日本語指導が必要な児童生徒のうち、学校で特別な配慮に基づき日本語指導を受けている外国人生徒の割合は90・9%、日本国籍の児童生徒の割合は80・8%である。日本語指導を行っていない理由としては、担当教員がいない、専門性の高い人材がいない、予算がない等が挙げられている。児童生徒の日本語教育においては、教科と統合した日本語指導や同級生らと共に成長するため、文化的・言語的な相互理解といった大人の日本語教育とは異なる配慮が必要で、人材育成や研修が求められるところである。

さらに、進路については、高等学校等への進学率は89・9%（全中学生の進学率99・2%）と低く、高校生徒の中退率は5・5%（全高校生1・0%）と高いといった課題がある。

6　日本語能力について

言語の力には、日常会話レベルの能力と教科学習言語の能力があるが、日常会話ができるようになるまでには約2年、年齢相当の教科学習言語能力が育つには、5年以上必要とされる。日本語習得の進捗は、言語、文化的背景のみならず、成育歴や学習歴、家庭環境や経験、学校適応の心理的側面等が影響し、個人差が大きい。

特に近年、課題として感じているのは、日常的なコミュニケーションはできても抽象的な内容を理解したり伝えたりできない児童生徒だ。教科書が読めず内容が理解できない、学年相当の学習言語が不足し、クラスで学習活動に参加することが困難だが、日本語ができないわけではない。努力不足とされたり、漢字の読み書きだけ指導される支援も少なくない。言葉の問題から正確な検査が難しく、発達障害を疑われたり、グレーゾーンとされたりするケースも少なくない。2言語環境にあり、幼児期に母語と言える軸になる強い言語を作り上げていないことが要因の一つとされているが、子どもたちの背景は多様で、一律に語ることはできない。必要なことは、個々の言語発達や認知能力を勘案して、考える力を伸ばすことではないだろうか。

7 トルシーダの活動

トルシーダは1994年に学校へ行っていない不就学の子どもの居場所としての日本語教室を始めた。日本で有数の外国人集住地域である愛知県豊田市にある保見団地を活動拠点としている。現在では、学校へ行っていない子どもの居場所としての日本語教室の他、学校へ編入したものの日本語が分からない外国人児童生徒を対象にした日本語初期指導教室や、就学前の準備としてのプレスクール、義務教育年齢を超え中学校には入れない学齢超過者のために進路支援を目的とした日本語教室等を実施している。ここでは、主な教室の活動内容やそこで出会った子どもたちの様子について述べる。

①居場所としての日本語教室（豊田市委託事業）

外国人集住団地である保見団地で実施している教室。平日午前10時から午後3時までの実施。来日したばかりで、日本の学校へ行くことを躊躇していたり、いろいろな事情で学校を止めてしまったり長期欠席している子どもと、学校が午前午後の2部制になっているブラジル人学校生徒が通ってきている。日本で暮らすことや、社会性を育むことを目的に座学だけではなく、バスに乗って買い物に行ったり近所のコミュニティ農園で野菜を育てて調理したりという体験学習も多く取り入れている。保見団地で実施していることから、ブラジル人の子どもが大半だったが、近年では市内から通ってくる子どもが増え、多国籍化している。

20年前の教室開始当初は、学校での受け入れ体制が整っておらず、退学者も多かった。日本語教室ではあったが、警察や鑑別所ということも珍しくなく、外国人の若者がエネルギーを持て余し露悪的な行為に走っているように感じた。強制送還になった子もいたが、ほとんどは日本で大人になり親となっている。

程度の差こそあれ、日本の学校でうまくいかなかった、いじめられたという保護者は少なくない。我が子に同じ思いはさせたくないと問題を抱え込んだり、自分のできなかったことをやり直しさせようと過剰な期待をしたりして学校との関係や親子関係を難しくする。受け入れられているかどうかは、本人だけではなく世代を渡る課題になることを実感している。

現在は、来日し学ぶ場を探しているケースや、経済的な問題から生活が整わないケースが多く、この教室が最初の受け入れ場所の役割を果たすよう、子どもたちの希望を聞き、保護者と調整し、就学や生活の支援につなげるために市役所の窓口への同行支援等も行なっている。

②日本語初期指導教室（みよし市委託事業）

みよし市の小中学校に在籍し、日本語初期指導が必要な児童生徒を対象とした教室。日本語ゼロレベルから始め、概ね3カ月程度の通室を目安としているが、在籍校に日本語指導の担当教員がいない等、継続的な日本語学習が困難な学校もあり、状況に応じて指導期間を調整して受け入れている。日本語指導のスタッフに加え、ポルトガル語、フィリピン語、中国語のバイリンガル指導員を配置している。

来日して、慣れない学校生活を送ることからストレスが多いことに配慮しながら、最低限のコミュニケーションを取るための日本語学習や適応のために日本の学校の流れや行事を学ぶことから始める。均質的な日本の学校ルールに馴染めない生徒は少なくない。ある雪の日に毛糸の帽子をかぶり登校し校則違反と注意を受けた生徒は、一日気持ちが沈んだままだった。生徒手帳にマフラーは良いが帽子は許可しないと書かれているとのことだったが、納得はできないだろう。これを機に、中学生に理不尽だと感じる学校ルールについて話し合いの時間をとった。「なぜ同じ靴や鞄を使うのか」「なぜ席が決まっているのか」「なぜ給食を食べなくてはいけないのか」等たくさんの疑問が出された。それらをまとめ、元校長先生にゲストに来ていただき、ルールの意義や理由について話を聞いた。全てのことに納得したわけではないと思うが、その後の子どもたちの様子から、議論したこと、「なぜ?どうして?」という疑問に答えてもらえたこと、に意義があったと感じた。

また、指導者が子どもたちの文化や背景を知ることも大切で、昨年度は増加するムスリムの子どもたちについて知るために、モスクの見学会とイスラムについての勉強会を実施した。保護者にモスクとの仲介役をお願いしたところ、貴重な機会と歓待を受け、イスラム教について説明を受け集団礼拝の時間まで見学させていただいた。

教育委員会の委託事業であることから学校との連携が取りやすいこと、教室と同じ建物に、スクールカウンセラーに相談できる相談室があり、不登校や発達についての相談や支援も可能になっている。

③学齢超過者を対象とした高校進学支援の教室

成人年齢が18歳に引き下げられたことで、18歳以上の若者は扶養を受けて生活する未成年として入国が不可能になった。このことで、15歳を超えて、中学校に編入できない「学齢超過」の年齢での来日が増加した。学齢超過の若者はもともと居場所としての教室にも在籍しており、高校進学のための予備校のようにも見える教室運営をするべきなのか逡巡する期間は長かったが、日本語を学ぶ場も、編入できる学校もない外国ルーツの若者の受け皿は必要だし、学びの保障を目指すものでもある。さらに、思春期に来日し、短い期間で社会に出る若者特有の課題に寄り添うために、進路に特化した教室を実施することとなった。

この年代で来日する若者は、保護者が日本で働いており、呼び寄せられるケースが多い。中には十数年ぶりに保護者と一緒に暮らすことになったとか、兄弟姉妹だけで生活している場合もある。ステップファミリーも珍しくない。高校進学を望まれつつ、働き手としても期待されている。家族と馴染

動詞導入のあとはレシピづくりと調理実習

修了式は多国籍調理実習

めない、家庭に居場所がない、国でできていたことが、言葉の問題から何もできないところへ所属のない不安定な状況に置かれる。日本で生きていこうとする同じ仲間の存在が、彼らにとって何よりの支えである。教室の存在そのものが居場所であり、出発点となっている。自主事業で財源がなく継続的な運営が課題である。

8　外国ルーツの子ども、家族への支援

どの教室でも子どもたちの課題は日本語のみではなく、学校への適応、進路、経済的な問題、保護者との関係等多岐にわたる。トルシーダが令和2年度に実施した三菱財団・中央共同募金会助成事業「外国にルーツがある人々の支援活動応援助成」での相談事業では、年間支援対象者は、223件に上った。就学相談、日本語学習や学習支援についての相談が多かったが、コロナ禍でもあり、経済的な問題から食料支援の依頼も後を絶たなかった。子どもたちには、その時々に伴走支援が必要だが、問題解決のためには専門家の関わりやアドバイスが重要である。ここでは、ネットワークによる支援の例を記す。

●離婚したいができない

夫の呼び寄せで妻と子どもが来日したが、夫からは生活費を渡してもらえないばかりか、子どもも含めた渡航費用まで請求されている。元々不仲であり、妻も子どもたちも関係修復は不可能。食事を別々の部屋で食べる等、家庭内別居が続いているが、在留資格の問題があり、離婚に踏み出せない。夫には浮気相手がいて、ある日出ていったと思ったら、その日から水道、電気、ガスが止められた。

まずは市役所へ相談に行き、水道、電気、ガスを再開させた。その後は女性相談センターへ相談に行くが、DVを受けていないのでできることがないとの話であった。

在留資格が一番の問題であることから、外国人支援を専門に行っているNPOにつなぎ、行政書士が更新手続きの支援をすることになった。子どもたちは日本語教室に在籍していて、トルシーダでは生活相談を受けたり、食料支援を行ったりした。不安定な状況は続いているが、夫に分からない場所への転居や、子どもたちの高校進学等、自ら動き努力することで前へと進んでいる。

●ネグレクト

久しぶりに登校し、日本語教室に来たが元気がなく顔色が悪い。以前より少しやせた感じがする。母子家庭だが、母親は家事をせず家には食べ物がないと話す。教室にあった菓子を食べさせるが、ジュースと柔らかいものしか口にしない。

日本語教室での様子を学校に伝えたところ、学校に戻った後は疲れて眠ってしまい給食も食べなかったとのこと。当日は先生が家庭訪問し、トルシーダは食料を届けた。児童民生委員も支援に入っているとのこと。言葉の問題もあり、相談対応につながっているのかどうかは不明だが、周囲の子どもたちの話からも家庭が孤立している状況ではないことが分かる。時々食料支援をしながら生活の様子を見守っている。

●経済的困窮

行政の相談窓口で通訳をしている知人から、トルシーダの日本語教室に在籍する子どもの家庭が食料支援を必要としているとの連絡が入る。早速面談を設定し、父親の話を聞く。ケガをして解雇され、失業手当もなく生活保護申請をしたとのこと。アパートは家賃を滞納していて、タイミングが合わないと今夜寝る場所がない状況に陥る可能性もあるとのこと。日本語教室に来ている子どもが最近落ち着きがなく、全く勉強に身が入らない理由が分かる。保護者に学校での様子を伝え、家庭での声掛けや関わりについて話し合う。学校にも状況を伝え、配慮を依頼した。

9　外国ルーツの子どもたちの支援に必要な言語サポート

問題は言葉ではないが、相手が望む支援をするためには言葉の問題は大きい。専門機関に通訳が配置されていないことは多く、通訳の同行が必要になる。このような行政窓口や、地域、学校、病院で必要な手続きやサービスが受けられる言語サポートをコミュニティ通訳と呼ぶが、その存在はあまり認知されておらず、多くが知人や家族に頼っているという現状がある。トルシーダでも、大方は日本語教室のバイリンガル指導員か、かつての教え子に通訳を依頼しているが、ウルドゥ語、シンハラ語といった少数話者の言語に対応できない課題がある。

通訳からLINE等SNSで連絡を入れてもらうこともあるし、通訳に保護者から直接相談が入ることもある。相談対応も文化的な背景や考え方への配慮が必要で、彼らの意見を

モスク見学

寄贈絵本を活用して青空図書館開催

聞きながら支援方法を検討することも度々である。

10　子どもの居場所に必要なもの

「学校では日本語を話さない」「話をする日本人の友だちはいない」等は、子どもたちが口にする言葉だ。地域の日本語教室でも、大人から「日本語を話すのは日本語教室だけ」と聞くこともある。

安心できる居場所のためには、クラスや学校の受け入れ環境が必要で、そこで歓迎されていると感じられることや仲間意識が自信になり、日本語を話すことの後押しになる。日本人の子どもにとっても、外国ルーツの子どもは、多様な価値観や考え方がダイレクトに学べる相手となる存在である。お互いに学び合う対話の時間が増えることを期待したい。

トルシーダでは、アートを使った交流会や子ども食堂等地域づくり事業も実施している。日本語教室として、子どもたちや保護者と関係づくりのためにはアウトリーチ活動をせざるを得ないということもあるが、多様な働きかけを作りたいとの思いもある。地域の会議で自治区の役員さんの「外国人の子どもが…」という発言を聞き、地域で子どもたちを育むために顔の見える関係づくりの必要性を感じたし、フードパントリーや相談会の開催では困っていても「助けて」と言わない、言えない閉じた関係の難しさを痛感した。

一方、理解が広がったことで、トヨタ自動車ボランティアグループEX会から中古ランドセルの寄贈を受け、新1年生に届け喜ばれている、岡崎ソロプチミスト協会から絵本の寄贈を受け、青空図書館の開催ができた、豊田西ロータリークラブと協働でキャリア教育を実施する計画を進めている等、NPO単体ではできないことが可能になっている。地域のあたたかい見守りや、ちょっとした声掛けが孤立を防ぐ第一歩になる。そんな想いで地域での活動を続けていきたい。

11　まとめとして

今年度、出入国管理庁は、生活上の困りごとを抱える外国人を適切な支援につなげることのできる人材として「外国人支援コーディネーター」の養成研修を始める。つなげること、情報を知っていることはもちろん最初の一歩だが、つなげるための外国人支援コーディネーターという専門職の確立ではなく、すでに福祉分野等で専門的な支援を行っている方々が外国人支援に加わる機会になるのではないかと、関わる人材の広がりにも期待している。

日本生まれの外国ルーツの子どもが増え、多くの子どもたちは外国人とは言えないであろう。日本人と同じように高齢化の課題にも直面している。外国人の問題は、受け入れ側の受容力を問われる日本人の問題でもある。多様性を地域の力として活用できなければ、豊かな環境は生まれない。活動を通し実感していることである。

『争わない社会』
―「開かれた依存関係」をつくる

佐藤仁 著
NHK出版、304頁、1870円

評者▼渡邊一真
日本福祉教育・ボランティア学習学会

福祉や教育を阻む最大の原因のひとつは「争い」である。世界各地で侵略・紛争が多発しているなかでタイトルの「争わない社会」は非常に魅力的だ。著者の専門は国際開発。自身の海外での活動や研究者経験を踏まえて「依存」「開発」など多岐にわたる分野から「争わない社会」づくりを模索している。本書は「発展の遠心力」「支配の求心力」「依存の想像力」の3部構成であり、多くのキーワードの中から「依存関係」「所属意識」に関する所を紹介する。

著者は、依存関係の解消を目指すことが自立ではなく「依存関係の組み替えを目指す必要」があると指摘する。地域福祉をフィールドに仕事していると、様々な社会関係・依存関係の中でこそ生きていることを日々実感する。お互いに他者と頼り合わないと暮らしは成り立たないということである。

もうひとつの所属意識について、著者は、所属意識は「諸個人と帰属先の集団との心のつながりがあって初めて成り立つ」とし、それを必要としない帰属との違いを指摘したうえで、「敵対意識の温床になる一方で、争いの激化を未然に抑え込み、問題解決の原動力にもなる」と期待する。地域社会でも往々にして所属する団体・組織の所属意識の高まりが起こることがあるが、住民がコミュニティ（かたまり）になっていくことで様々な地域課題の解決を図っている側面は見逃せない。

本書のテーマは世界の話題のように思えるが、地域社会で福祉・教育活動に関わる私たちにも共通することが数多く出ている。著者は最後に「争わない社会とは、他人に関わることをあきらめず、依存関係に希望を見出そうとする社会」という言葉で本書を締めている。社会関係の希薄化、暮らしの孤別化が進む時代において、人との関わり方を問い直す良書であるといえる。

『話し合い活動ステップアッププラン』
―ホワイトボードで学級が変わる!!

ちょんせいこ 著
小学館、63頁、1320円

評者▼南多恵子
関西福祉科学大学社会福祉学部

著者のちょんせいこ氏は、「ホワイトボード・ミーティング」を提唱し、会議や研修、事業推進におけるファシリテーター養成に取り組む第一人者である。会議室にあるホワイトボードを使って、参加者の意見を引き出しエンパワメントし、会議の進行をスムーズにする有効なメソッドであるホワイトボード・ミーティングは、ボランティアや市民活動の領域で広く使われている。

本書には、そのホワイトボード・ミーティングを小学校の現場でも有効に使うための指導法が凝縮されている。写真やイラストで丁寧に可視化され、実際にどうすれば良いかイメージも掴みやすい。

この本が生まれた背景には、豊かな言語活動を育み、子ども同士の関係性と学びを充実させたい教員の悩みがあった。〝シーンと冷え切って、発言がない〟〝おしゃべりが続いて、指示が通らない〟〝特定の子どもの発言だけで、全体が進んでしまう〟〝ケンカが始まって、授業が進まなくなる〟〝だれかをバカにして、嫌な空気が流れる〟〝自信がなく、子どもたちの不安感が強い〟。小学校の教室で、このような子どもたちと出会ったことはないだろうか。これらの悩みに本書は応えている。

3つの小学校で実際にホワイトボード・ミーティングに取り組まれた60日間のプロセスが紹介されている。本のタイトルどおり、ステップのⅠからⅣに分けられ、順を追って取り組むうちに、子どもたち自身のファシリテーション力が高まり、「安心・安全」な信頼ベースのクラスが生まれるという。子どもたちに「やらせる」「させる」ではなく、ホワイトボードを活用しながら「やりたくなる」チャレンジのプロセスが、この一冊には詰まっている。対話が増えて、柔らかな場づくりが充実していく、クラスの素敵な成長物語が生まれる可能性を感じられた。

『みんなの社会的処方』

―人のつながりで元気になれる地域をつくる

西 智弘 編著
学芸出版社、256頁、2200円

評者▼吉田祐一郎
四天王寺大学教育学部

本書では、「社会的処方」の定義として「薬で人を健康にするのではなく、人とまちのつながりで人が元気になれる仕組み」とされ、医療関係者や保健領域などを専門とする編・著者により出版された。

社会的処方の3つの理念として「人間関係性」「エンパワメント」「共創」を位置づけている。人間関係性では医療関係者が「地域とのつながり」や社会資源を元に地域の社会参加を促すことで不調を訴える患者が健康になってきた事例、エンパワメントでは誰しもが生きてきた経験や本人の興味・関心をもとに社会につながること、共創では「自らの社会的処方を（リンクワーカーと一緒に）自ら生み出していくこと」（21頁）と整理している（リンクワーカーとは患者と地域活動をつなげる人）。

そして社会的処方の展開では、本人が「主役」になれるように「支援する」ことの必要性を明示している。これらの考え方は地域共生社会の考え方と重なる。

本書では、孤独や孤立の状況、海外や日本での社会的処方のつながりの実践事例、コミュニティナースなどの事例などが掲載されている。

そのひとつに、社会的処方における「アート」の重要性が取り上げられている。ここでいうアートとは、絵や造形、音楽、ダンスなど幅広く指している。アートと人との関係について、人は社会的動物であり、高度な「つながり」が必須であると考えられている。それは単なる他者との表面的なつながりではなく、自己の内面とのつながりも含まれる。そのことから「人は自己と自分を取り巻く世界をつなげようと表現し、他者とともに想像を共有し、つながりを形成する力をアートの形で発展させてきた」（149頁）と指摘されている。

社会的処方の考え方は福祉教育実践でも参考になるところが多い。

『ムラブリ』

―文字も暦も持たない狩猟採集民から言語学者が教わったこと

伊藤雄馬 著
集英社インターナショナル、256頁、1980円

評者▼後藤聡美
神戸大学

神戸港を眺めながら、穏やかな気持ちで本書を再読している。ムラブリの語法を真似ると、今、私の「心は下がっている」。私たちは当たり前のように、UP is HAPPYの感覚の中で生きているが、ムラブリはDOWN is HAPPYの感性をもつという。ムラブリとは、タイやラオスの山岳地帯に住む少数民族である。本書は、言語学者である著者の日記とともにムラブリのくらしに触れることができるエッセイ風の読み物である。

中でも興味深い一説がある。コーラン的言語観によると、イスラム教においては、神は人々が「お互いをよく理解するために民族をバラバラにした」のだという。同じ部分を有しながらも、違うから知りたい、という気持ちが湧き上がる。ところが、私たちは相手が同じ言葉や生活様式を有しているとき、容易に相手のことを理解したと勘違いし、それ以上近づくことを怠ってはいないだろうか。

ここでは、言葉や表現は、身体性と連なる経験と密接な関係があるものとして捉えられる。発された言葉や表現がそのつくり手の経験につながったと感じられたとき、はじめて「理解」に一歩近づいたといえるのかもしれない。異なる文化的背景をもつ人だけでなく、障害のある人、年代が異なる人、立場の異なる人との関わり方においても重要な観点となるだろう。

著者はムラブリ語を話せてもムラブリになることはできないという。私たちは他者になることはできない。しかし、言葉、表現、ふるまいによって、互いの経験の一部に触れることができる。森への畏敬の念といのちの尊さを重んじながら、個人主義的かと思えば不思議な距離感で助け合いが生まれたりしているムラブリの生き方には、私たちがふだんのくらしの中で様々ないのちを含む他者と共に生きていくためのヒントも埋め込まれているようである。

日本福祉教育・ボランティア学習学会 第30回とうきょう大会開催の案内

◆大会テーマ

究めて拡がる福祉教育・ボランティア学習
～気づきの連鎖が織りなす排除なき共生社会～（仮）

◆期日　2024年11月23日（土）～24日（日）

◆会場　日本社会事業大学（東京都清瀬市）

◆参加申込締切　11月15日（金）

大会 HP の Google フォームから申込み
（大会 HP では７月上旬に公開予定）

■大会事務局

〒204-8555 東京都清瀬市竹丘３－１－30
日本社会事業大学
社会福祉学部福祉計画学科　菱沼幹男研究室

JAASS
日本福祉教育・ボランティア学習学会
Japan Academic Association of Socio-education and Service Learning

日本福祉教育・ボランティア学習学会とは

市民社会を形成し、共生の文化を育むことをめざす福祉教育・ボランティア学習について、様々な立場で活動・研究している関係者が一堂に会して、その価値や領域、推進方法や評価などについて学際的・実践的な研究をしていくために、1995年10月に設立されました。小・中・高校・特別支援学校の教員や社会福祉協議会職員、ボランティア活動者から大学教員まで、実践者から研究者まで幅広い会員で構成されています。

●活動内容

①全国各地で開催している学会大会・総会
②研究紀要の発行【年２回】
③雑誌『ふくしと教育』の監修【年４回発行】
④学会ニュースの発行【年３回】
⑤プロジェクト活動他【福祉教育・ボランティア学習に関する提言活動や地域での学習活動等を展開しています】

●研究紀要

本学会では、福祉教育・ボランティア学習の研究をより活発に、より深めてゆくために、研究紀要を年２回発行しています。６月刊行の紀要では、学会員からの投稿を中心にした構成となっており、11 月刊行の紀要では、課題別研究の研究成果や広がりを含めた特集テーマを設定するとともに、学会員からの投稿を含めた構成となっています。

●入会申込

入会希望の方は、『入会申込書』（学会ホームページからダウンロード可能）に記入の上、事務局へ送付ください。FAX、E メールでの申込も可能です。

入会金及び会費は、理事会（11 月、４月、９月の年３回開催）による入会審査の後、請求いたします。年会費は会員による指定口座からの自動引き落としです。

入会金：1,000 円（入会年度のみ）
会　費：8,000 円／年

■学会事務局・連絡先

〒981-0932　宮城県仙台市青葉区木町16-30
シンエイ木町ビル１階
日本福祉教育・ボランティア学習学会事務局
TEL　022－727－8733
FAX　022－727－8737
メール　jimukyoku@jaass.jp
ホームページ　https://jaass.jp

先生・子ども・親の信頼関係づくりをめざす

月刊 学校教育相談

お気軽に見本誌をご請求ください！

2024年7月号 **好評発売中！** 定価880円（税込）

特集1 **失敗を恐れる子へのかかわり**

特集2 **ＳＣ・ＳＳＷや相談員と協働的な関係をつくるために**

★充実した連載がいっぱいです！

【教師のための聴く技術】諸富祥彦
【やってよかった！ 解決志向でケース会議】久能弘道
【職員室の心理的安全性】前川智美
【居心地のよい教室づくりのアイデア】リレー連載
【アミューズメントな特別支援学級づくり】和空煦笑
【スマホ・ネット時代を子どもたちが主体的に生き抜くために】竹内和雄
【先生のための哲学カフェ】西山 渓
【教育相談コーディネーター 1年間の実務〈実践編〉】西山久子・ほか
【小・中・高校生との対話】リレー連載
【木陰の物語】団 士郎　ほか多数の好評連載をお楽しみください

大好評

明日も元気に学校に行くための
先生たちの「お守り言葉」

1,980円（税込）

『月刊学校教育相談』編集部／編

日々の多忙さや保護者対応で奮闘する先生たちが、「しんどい」ときに“お守り”のように自分自身を支えてくれている本音の言葉を紹介します。

大好評

リラックスと集中を一瞬でつくる
アイスブレイク ベスト50

1,760円（税込）

青木将幸／著

場が硬いとき、あるいはザワザワしているとき、ちょっとしたアイスブレイクでリラックスと集中を。プロのファシリテーターの「技」を公開！

ご注文は、書店でお取り寄せいただくか、直接小社に電話やFAX、ホームページから（送料1冊100円で、すぐに直送）。
『月刊学校教育相談』や書籍のより詳しい内容は、ホームページ（https://www.honnomori.co.jp）でご覧いただけます。

Tel 03-5754-3346
Fax03-5918-8146
ほんの森出版
〒145-0062
東京都大田区北千束3-16-11
ほんの森出版 検索

知的障害を抱えた子どもたち

理解・支援・将来

四六判 224ページ　定価1,980円

医学博士 **平岩幹男** 著

半世紀にわたり障害支援に携わってきた著者が人生全体を見据えたサポートのあり方を示す。

- 知的障害を疑うきっかけ、診断
- 就学・就労の問題
- 性教育、性加害・性被害
- 経済的な問題
- ライフスキルトレーニング
- 発達障害との併存
- 境界知能

〒112-0012 東京都文京区大塚1-4-15
http://www.toshobunka.co.jp/
図書文化
TEL. 03-3943-2511　FAX. 03-3943-2519

巻末言

今号のテーマは地域共創。改めて各地の実践を学ばせていただいた。新しい価値創出は他の実践を真似ながら地域の状況に合わせてカスタマイズをすることが大切である。

逆説的に言えば、どんなにいい実践であってもそのまま持ってきてうまくいくものではない。

個人的には「カリスマ」的な実践よりも実践を行うプロセスの時点から大切にした組織的な取り組みを期待している。

また、競い合いが過ぎることでそれぞれの実践に壁ができてしまったのでは地域共創を作ることはできないであろう。実践者同志がクリティカルにかつ信頼性を持って、プロセスも含めた出会いを重ねることも重要ではないかと思われる。

今号に掲載いただいた多様な実践や研究が読者も含めた多くの実践者研究者に伝わり、各地の文化や風土に根ざした新たな価値が創出されることを期待している。

（編集長・渡邉一真）

季刊『ふくしと教育』2024年度ラインアップ

介護、障害、子育て、生活困窮など私たちの身近にある社会課題にどのように取り組んでいますか。認知症カフェ、子ども食堂、伴走支援、サードプレイス、NPOや社会福祉法人の挑戦など、我が事として捉えられるようになり、誰もがもっている自分自身の「リーダーシップ」に気づき、育て、支えあえるようになることこそ本誌の使命です。福祉にも教育にも「インクルーシブ」が問われています。共生社会を目指す新しい地平を共に見つけます。

●通巻 39 号
特集
地域を共創する

●通巻 40 号
特集
多様性に生きる

●通巻 41 号
特集
若者が輝くまち

●通巻 42 号
特集
私の居たい場所

定価1210円（本体価格1100円＋税10%）　年間購読料4840円（税込）　送料無料

ふくしと教育　通巻39号
地域を共創する

2024年6月1日発行

監　修　日本福祉教育・ボランティア学習学会
Socio-education and Service Learning

編集長　渡邉一真

発行人　奥西眞澄

発行所　大学図書出版
〒102-0075　東京都千代田区三番町14-3　岡田ビル4F
TEL：03-6261-1221　　FAX：03-6261-1230
https://www.daigakutosho-gr.co.jp

発売所　株式会社教育実務センター
TEL：03-6261-1226　　FAX：03-6261-1230

印刷所　精文堂印刷株式会社

無断転載はお断りします。乱丁・落丁はお取り替えします。

ISBN 978-4-902773-92-7　C3036　Printed in Japan